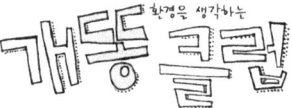

초판 1쇄 발행 | 2008년 7월 3일
재판 16쇄 발행 | 2026년 1월 5일
지은이 | 수지 모건스턴
옮긴이 | 최윤정
펴낸이 | 최윤정
펴낸곳 | 바람의 아이들
만든이 | 최문정 이창섭 여은영 이향란 김민영
제조국 | 한국
구독 연령 | 10세 이상
등록 | 2003년 7월 11일(제312-2003-38호)
주소 | 03035 서울시 종로구 필운대로 116 신우빌딩 5층
전화 | ( 02) 3142-0495  팩스 | ( 02) 3142-0494
이메일 | barambooks@daum.net

ISBN 978-89-90878-64-9 73860
ISBN 978-89-90878-00-7(세트)

LE CLUB DES CROTTES
by Susie Morgenstern
Copyright ⓒ2007 by l'école des loisirs, Paris
All Right Reserved.
Korean Translation Copyright ⓒ2008 by Barambooks.
This Korean edition is published by arrangement with l'école des loisirs.

이 책의 한국어판 저작권은 l'école des loisirs와 독점 계약한 바람의 아이들에 있습니다.
이 책은 저작권법에 의해 한국 내에서 보호받는 저작물이므로 무단 전재와 무단 복제를 금합니다.

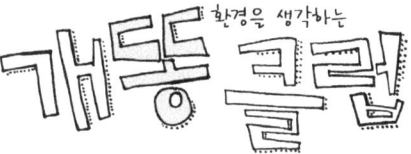

# 환경을 생각하는 개똥 클럽

수지 모건스턴 지음 | 최윤정 옮김

바람의아이들

 차례

1. 무슨 클럽?……9
2. 획기적인 클럽……14
3. 사실들의 클럽……19
4. 잘난 척 클럽……25
5. 진짜 클럽……30
6. 화장실의 역사 클럽……37
7. 개 (같은 인)생 클럽……42
8. 개들의 클럽……49
9. 우선 클럽……56
10. 분노 클럽……62

11. 법률 클럽……70

12. 남들의 클럽……76

13. 외식 클럽……82

14. 방학 클럽……86

15. 친구들 클럽……93

16. 눈물 클럽……102

17. 반대파 클럽……108

18. 죽음 클럽……115

19. 시장님 클럽……122

옮긴이의 말……130

자크 모건스턴의 의젓한 손자 노암 자크 실비에게

# 1. 무슨 클럽?

 자크는 혼자 집에서 심심해하고 있다. 보통은 숙제도 해야 되고 게임도 좀 해야 되고 운동도 하러 가야 되고, 피아노는 물론이고, 책까지 읽어야 하니 심심할 시간이 없다. 그러나 오늘은 옥타브가 전화를 걸어서 놀러오라고 하니 여간 반가운 일이 아니다. 자크는 바로 달려갔다.
 그러나 자크는 이렇게 비가 오는 날엔 혼자가 아니라 둘이서도 함께 심심할 수 있다는 걸 바로 깨달았다. 자크의 할머니는 "똑똑한 사람들은 심심할 때가 없는 거야!"라고 말하지만 옥타브도 자크도 뭘 해야 될지를 모른다. 옥타브는 조립식 모형으로 에펠탑을 만들어 보자고 하지만 자크는 별로 생각이 없다.
 자크는 자기가 하고 싶은 걸 하고 싶다. 옥타브도 마찬

가지다. 둘 다 별로 하고 싶은 게 없다. 아무리 생각해도 뾰족한 수가 없다. 옥타브의 형들은 컴퓨터를 내주려고 하지 않는다. 텔레비전도 볼 게 하나도 없다. 그런데 갑자기 자크에게 영감이 떠올랐단다!

"클럽을 만들어 보면 어떨까?"

"와, 멋지다!"

옥타브가 맞장구를 쳤다.

둘이 드디어 의견의 일치를 본 거다.

잠시 들떴던 자크가 물었다.

"근데…… 무슨 클럽?"

"무슨…… 스포츠 클럽."

자크는 옥타브에게 이미 자기들이 레오폴 벨랑 문화센터에 있는 스포츠 클럽에 다니고 있다는 사실을 상기시켜 줬다.

한풀 꺾이기는 했지만 옥타브는 그래도 계속 생각을 한다.

"세상을 바꾸는 클럽!"

뭔가를 생각해 내고 기분이 좋아진 옥타브가 소리를 질렀다.

자크가 고개를 젓는다.

"아이들은 다 세상을 바꿀 의무가 있는 건데 그걸 위해서 무슨 클럽씩이나 만드냐."

둘은 옥타브네 집 거실에서 불 꺼진 텔레비전을 앞에 두고 소파에 앉아 있다.

"텔레비전 프로그램 비평 클럽!"

"근데, 우리 엄마는 하루에 텔레비전 삼십 분 이상 못 보게 한단 말이야."

"하긴 우리 엄마도 그렇다."

옥타브도 금세 시무룩해졌다.

둘은 아이디어를 찾는 일에 푹 빠져서 한참 동안 아무 말 안 하고 앉아 있다.

자크가 거실 탁자 위에 놓인 신문을 집어 들고 읽었다.

"공공 부채 이십 조 유로. 이십 조가 얼마지?"

옥타브는 그게 무슨 스와힐리어라도 된다는 듯이 자크를 쳐다본다. 자크는 신문 제목의 반도 이해를 못한다. 그렇지만 '테러', '소요사태', '바이러스', '석면', '이변' 같은 낱말들을 읽으면 좋은 소식이 아니라는 건 안다.

"그래, 좋은 소식 클럽을 만들어야겠어. 매일같이 나쁜 소식만 있으면 사람들이 힘 빠지고 이런 세상에서 살고 싶은 마음이 안 들 테니까 말이지."

"그럼 안 살고 어떡하겠냐!"

자크는 생각을 계속한다.

"그래도 사람들이 산다는 것에 만족해야 되는 거잖아."

"그렇지만 좋은 소식을 어디서 구해 오냐?"

또다시 두 친구 사이에는 폭탄 소리만큼이나 커다란 침묵이 내려앉는다.

"지어내면 되지!"

뭔가 발견했다는 느낌에 우쭐해진 자크가 소리를 질렀다.

"'대통령이 우리 나라에는 이제 실업자가 없어졌다고 발표를 했다', '의사의 처방이 질병 발생률을 줄였다' 뭐, 그런 거."

"그런 건 거짓말이잖아. 거짓말을 퍼뜨리면 안 되지."

옥타브가 투덜거린다.

"거짓말이 아니라, 희망의 클럽이라고 하면 안 되겠냐."

자크가 한숨을 쉬었다.

"그럼 가짜 희망의 클럽이라고 해야 되겠지!"

기가 죽은 자크는 다른 걸 생각해 내야겠다는 계산을 한다.

둘은 같이 간식을 먹으면서도 말이 없다. 뭔가 떠오를 듯 떠오를 듯한데 잡히지를 않는다. 이제 자크는 집에 가야 될 시간이다.

"옥타브, 내일까지 생각해 오기로 하자."

## 2. 획기적인 클럽

자크는 별로 오래 생각하지 못했다. 머리에 구름이 낀 기분으로 옥타브네 집에서 나오는데 발걸음이 저절로 두 집을 잇는 길로 향했다. 바로 그때였다. 자크의 발이 불쾌하고 냄새나고 들러붙는 물컹한 밤색 물체를 푹 밟은 것은. 새로 산 하얀 운동화 오른쪽이 똥 범벅이 된 것이다. 그건 똥 덩어리가 아니라 아예 똥 무덤이었다. 자크는 구역질나는 늪에 완전히 빠져 버린 기분이었다.

다리를 툭툭 털다가, 신발을 보도블록 가장자리에 문지르다가, 오른발을 툭툭 굴러 보았지만 그건 손쓸 도리 없이 들러붙은 채였다.

집에 돌아온 자크는 길거리에서 묻혀 온 이 끔찍한 걸 떼어 내기 위해 나쁜 소식으로 얼룩진 신문지를 집어 들었다. 그런 다음 목욕탕으로 가서 신발에 물세례를 퍼부었다. 다 해서 삼십 분이나 걸릴 만큼 힘든 작업이었다. 다 끝내고 나니 불쌍한 운동화는 깨끗해졌지만 새 거라고는 할 수 없었다. 마치 엄마가 옛날부터 가지고 있다가 물려준 아기 신발같이 되어 버린 것이다. 새 운동화인데! 완전 사건이다! 자크는 운동화를 침대 밑에 감추었다.

"아들! 생각하는 얼굴이네."

밥 먹으면서 엄마가 말했다.

"응, 옥타브랑 클럽을 만들려고 아이디어를 찾는 중이거든."

"엄마 아빠 집안일 도와주기 클럽!"

이건 엄마의 의견.

"남동생 없애기 클럽!"

이건 누나의 의견.

"기분 좋게 잠자리에서 일어나기."

이건 아빠의 의견.

"싫은 소리 안 하고 피아노 연습하기."

이건 누구의 의견인지 모르겠다.

자크는 이 모든 아이디어들이 싫었다.

잠 못 이루고 이리저리 뒤척이고 있는데 갑자기 아이디

어가 떠올랐다. 진짜 광맥은 최악의 재난에서 찾을 수 있다는 생각이 그제야 났다.

다음 날 쉬는 시간에 옥타브는 자크에게 아무 생각도 해내지 못했다는 소식을 전했다.

"난, 했는데!"

신이 난 자크는 얼굴이 반짝반짝했다.

"뭔데?"

자크는 옥타브를 운동장 한쪽 구석으로 끌고 갔다. 다른 애들이 들으면 안 될 정도로 기막히게 멋진 생각이었으니까. 컴퓨터 게임도 훔쳐 가는데 아이디어라고 훔쳐 가지 말란 법이 없을 테니까!

자크는 냉전시대의 스파이처럼 낮은 목소리로 이야기를 시작했다. 옥타브 귀에 입을 바짝 갖다 대고는 이렇게 말했다.

"(개)똥 클럽."

"머리가 어떻게 된 거 아냐!"

옥타브는 기가 막혔다. 착하고 공부 잘하고 예의바른 학생인 이 친구한테서라면 이보다는 괜찮은 얘기가 나와야 했다.

"가만있어 봐, 인류를 위해 큰일을 하는 거야. 어떻게 하는 거냐면, 길에서 만나는 개 주인을 하나하나 따라가는 거지. 길거리에 똥을 누는 개를 현장에서 잡으면……"
"개를 죽인다!"
"아니!"
"개 주인을 죽인다!"
"장난 아니라니까!"
"그럼 뭔데?"
"장갑 대신으로 쓸 비닐봉지 하나, 쓰레기통으로 쓸 비닐봉지 하나를 주는 거야. 그리고 그 사람이 확실한 공공 쓰레기통에다가 그걸 갖다 버릴 때까지 따라가는 거야."
"그 사람이 싫다면?"
"그럼 그 사람 집까지 따라가서 주소를 적어서 진술서를 쓰는 거지."
"써서 어디다 낼 건데?"
"시청에."
"그으래?"
"획기적인 클럽이 될 거야."
"글쎄, 과연 그게 될까?"
"돼야지! 일은 확신을 가져야 되는 거야! 되게 만들어야 해."

"세상의 개똥을 다 치우자고!"

"우리 동네부터 시작하자……."

옥타브는 이 개똥 감독관이라는 아이디어가 차츰 마음에 들기 시작했다. '개똥 치우는 소년들, 환경을 생각하는 자크와 옥타브.'

학교가 파하자마자 곧바로 실행에 들어갔다. 하얀색 푸들을 데리고 가는 여자가 계속 소리를 지른다.

"이누이, 이리 와!"

푸들은 주인이랑 생각이 다른 모양이다. 보도 한복판으로 가더니 얌전히 똥을 눈다. 여자는 기특하다는 듯이 강아지를 어르면서 가던 길을 계속 걷는다. 자크와 옥타브는 아직 개똥 특공대 준비를 제대로 못했다. 봉지가 없다. 그런데 가만히 보니 개 주인이 할머니다. 몸을 굽혀서 개똥을 줍는 건 좀 힘들 것 같다.

"생각을 좀 더 해 봐야겠어."

자크가 말했다.

생각을 너무 깊이 했나 보다. 옥타브는 그만 개똥을 밟고 말았다. 무지하게 화가 난 옥타브는 자크가 옳다는 걸 인정한다. 진짜 어떻게든 해야 한다!

## 3. 사실들의 클럽

옥타브는 형들의 도움을 받아 인터넷에서 다음과 같은 사실들을 찾아냈다.

✓ 파리에만도 20만 마리의 개가 있는 것으로 조사되었다. 니스에는 더 많을지도 모른다……

✓ 파리에서 매일 개똥 16톤

✓ 매년 개로 인한 오염물질 때문에 생기는 비교적 심각한 사고 매년 650건

✓ 개가 배설한 오물을 치우는 데 드는 예산 한 해 1100만 유로

옥타브는 시민들의 행복과 안전을 위해서 이런 클럽에 들게 된 데에 만족을 느끼면서 이 자료를 인쇄했다. 그러고는 자크에게 전화를 걸었다. 새로운 걱정거리가 생겼기

때문이다.

"이걸 다 우리끼리 어떻게 하겠냐. 회원을 더 모집해야 겠어."

"그럴 생각이었어. 우선 명예 회원을 뽑자."

"누구?"

"우리 형들이랑 너네 누나."

"한다고 할 거 같아? 우리 누나랑 너네 형이 뭘 해야 되는데?"

"할 일이 없으니까 안 한다는 소리 안 하겠지."

"근데 아직 한 것도 없고……."

"내일 활동 회원 모집을 시작할 거야."

"누구?"

"아마르, 프뢴, 뤼씨, 술탄-파치, 톰, 위고, 티에리……"

"그럼 우리 반 다 하는 거네!"

"아니지, 맘에 드는 애들만 하는 거지."

"선생님은?"

"아니. 이건 사설 클럽이지, 공식 클럽이 아니거든. 학교랑은 상관이 없는 거야."

"티에리는 빼자, 개 싫어!"

"알았어. 티에리 잘난 척하는 거 보기 싫다. 우리 두 사람은 창립 회원이 되는 거야. 이제 보통 회원을 뽑아야 돼. 애들을 설득시킬 방법을 찾아야만 해."

다음 날 학교에 간 자크와 옥타브는 계획을 실행하기 위해 운동장에서 가장 눈에 안 띄는 구석으로 갔다.

"또 무슨 음모를 꾸미는 거야?"

자크와 옥타브가 머리를 맞대고 의논을 하고 있는데 티에리가 나타나서 사진을 찍었다.

자크는 디카에 바짝 관심이 생겼다. 회원을 모집하고 설득할 미끼가 될 것 같았다.

"이따 급식 끝나고 노는 시간에 다 얘기해 줄게."

티에리는 만족한 채 멀어져 가고 자크에게는 두 가지 할 일이 생겼다. 바보 같은 티에리를 회원으로 받아들이자고 옥타브를 설득하는 일 하나. 그리고 티에리에게 자기들이랑 이 일을 해야 할 필요성을 설명하는 일 또 하나.

"왜애! 조용히 있는 애가 아니잖아!"

옥타브가 징징거렸다.

"디카가 있잖아!"

"디카를 뭐에 쓰게? 걔들 증명사진 찍어 주려고?"

"아니! 개똥 증명사진을 찍으려고!"

"미쳤어!"

"별로. 일요일에 하루 종일 개똥 찾으러 다니면서 크기 별로 다 사진을 찍어서 포스터를 만들 생각이야. 〈이게 우리 마을의 모습입니다. 여러분은 화장실에서 사는 게 좋으십니까?〉"

"너무 더럽잖아……."

"그럼 네 생각엔 개똥은 안 더러운 거 같니?"

"너네 아빠 디카 있잖아. 아빠한테 빌려 달라고 하면 될 텐데."

"우리 아빠가 뭐 하려고 그러냐 물어보실 거고, 그럼 난 개똥을 찍으려고 한다고 말해야 되고, 그럼 또 왜 그러냐고 물어보실 거고, 계속 그렇게 물어보시다가 아빠가 우리랑 같이 하시겠다고 할 게 뻔한데 그럼 일이 되겠냐."

"그래도 그렇지, 티에리는 아니다."

"걔가 할지 안 할지도 모르는데 뭐……."

"알았어, 알았다고."

항상 설득의 달인 자크에게 지고 마는 옥타브가 말했다.

"그럼 네가 물어볼래?"

"뭐…… 그래도 되고……."

티에리는 클럽 멤버가 되라니까 펄쩍 뛸 듯이 좋아했다. 자기가 반에서 그리 인기 있는 애가 아니라는 건 잘 알고 있는 거다. 생일 초대를 거의 받아 본 적이 없으니까. 애들이 왜 자기를 안 좋아하는지 모를 뿐이다. 그냥 애들이 질투가 나서 그러는 줄만 알고 있다. 엄마 아빠가 사 달라는 건 뭐든지 다 사 주고 게임보이도 최신형을 가지고 있고 새로 나온 게임도 항상 가지고 있으니까 애들이 부러워서 그러는 줄 아는 거다. 티에리는 최신형 DVD도 있고 CD도 엄청 많고 반짝반짝한 자전거에 롤러스케이트도 있고, 옷 입는 걸 보면 걔네 엄마 아빠가 백화점을 싹쓸이해 오는 건 아닌가 싶을 지경이다. 그렇지만 애들이 걔를 안 좋아하는 건 그런 이유 때문이 아니다. 그게 아니고 개한테서 보이는 우월감 때문이다. 걔는 돈과 물질적인 것들이 자신을 다른 사람과는 다른 특별한 인간으로 만들어 준다고 생각하는 것 같다.

일요일, 티에리는 시내에 있는 약속 장소에 나타났다. 아이들이 구하는 '작품의 대상'을 찾는 건 어려운 일이 아니었다. 여기저기 다 똥이었다. 아이들은 노랑에서 초록을 지나 갈색에서 검정에 이르기까지 형태와 크기와 색깔이 다 다른 150개의 개똥 사진을 찍었다. 티에리가 말했다.

"이건 길바닥이 아니라 완전 똥바닥이네! 아빠한테 말

해서 우리 XV894 컴퓨터에 이 사진들을 올려서 포스터를 만들어 달라고 해야겠어."

옥타브가 개똥에다가 과연 세계 최고의 컴퓨터까지 동원할 필요가 있나 하는 생각을 하고 있는데 자크가 살그머니 옥타브의 귀에다 이렇게 말했다.

"목적은 수단을 정당화한다."

글쎄, 옥타브는 그다지 믿어지지 않았다.

## 4. 잘난 척 클럽

 티에리가 항상 최신형 기계를 들먹이면서 친구들 기를 죽여 놓기는 하지만 쓸 만한 건 사실이다. 월요일, 티에리가 개똥이 주르르 늘어서 있는 기가 막히게 멋진 포스터를 가지고 나타난 것이다.
 "완벽하다!"
 자크가 칭찬을 했다.
 옥타브도 동의할 수밖에 없었다. 저것만 있으면 회원 모집은 시간 문제일 것 같았다.
 "뤼씨랑 다른 여자 애들한테도 물어보자."
 "잠깐!"
 티에리가 갑자기 튀어나왔다.
 "클럽에 그냥 그렇게 들어오게 할 수는 없지! 신고식이

나 환영회 같은 걸 해야지."

형이 공대에 다니는 옥타브는 입학 초기에 선배들이 온갖 장난과 벌칙으로 후배들을 엄청나게 괴롭힌다는 사실을 잘 알고 있었다. 그런 걸 신고식이라고 한다는 것까지. 쓰레기 봉지 속에 들어가서 생크림이나 썩은 달걀 혹은 밀가루 같은 걸로 뒤덮인 길을 걸어야 한다든가, 뭐 그런 종류의 일들. 도대체 무슨 음식 낭비인지!

"말도 안 돼! 우리는 삶을 좀 더 견딜 만하게 만들려고 하는 거지, 어리석은 짓을 보태려고 하는 게 아니니까."

자크도 인정했다.

"그럼 신고식은 안 하는데 그래도 한 가지. 개똥을 한 번도 밟아 본 적이 없는 사람은 안 받는 걸로 하자."

마치 저주를 축복으로 바꿔 놓는 착한 요정 같은 말투였다.

"그렇다고 사람들한테 일부러 똥을 밟으라고 할 수는 없잖아!"

옥타브가 울상을 지었다.

"맞네. 설문조사를 해 보자."

"애들한테 신발에 개똥을 묻혀 본 적이 있는지 물어보는 거야."

물론, 하루 수업이 다 끝날 무렵에는 이런 종류의 '재난'에 대한 증언들이 빗발치듯 쏟아졌다. 다들 클럽의 회원으로 받아들일 만했다. 저마다 자기가 밟았던 개똥이 어땠는지 설명하느라 바빴다. 그 끔찍했던 추억의 정확한 장소와 불행한 신발의 상태 등등. 다들 화를 많이 냈다.
 이런 클럽을 만들자는 아이디어에 충격을 받는 것은 뤼씨뿐이었다.
 "지저분하고 저속한 애들이야!"
 "'개똥'은 욕이 아니잖아!"
 자크가 말했다.
 "그런 말들은 입에 안 올려야 되는 거잖아!"
 뤼씨가 고집을 부렸다.
 진실이나 사실, 자크는 이런 것에 강했다. 필요하다면 진실을 위해서 싸워야 한다고 생각했다.
 "뤼씨, 학교 끝나고 이따가 나 따라와 봐. 아주 중요한 걸 보여 줄게."
 "관심 없어!"
 "눈 감고 살 수 있다고 생각한다는 얘기?"
 "너네들의 그 잘난 척 클럽이 싫다고."
 "알겠는데 그래도 딱 이 분만 나 따라와 보라니까."

"그럼 딱 이 분, 더는 일 초도 안 된다!"
"도장 꽝!"
학교가 끝나자 클럽은 완전히 한 부대가 되었다. 티에리는 노트북에다가 신입회원들의 연락처를 일일이 다 적어 넣었다. 뤼씨는 가입하지 않겠다는 몇 안 되는 여자애들 중 하나였다.

뤼씨는 학교 바로 옆에 있는 노트르담 드 르쿠브랑스 거리로 자크를 따라갔다. 자크는 이 길을 너무 싫어해서 집으로 가는 지름길인데도 절대로 이리로 안 다닌다. 이 동네 개 주인들은 주로 이 길에 와서 슬쩍 개를 풀어놓는다. 개들이 맘 편히 볼일을 볼 수 있는 뒷골목이기 때문이다. 사람이 다니는 쪽뿐만 아니다. 이 길은 찻길까지 전체가 개똥으로 뒤덮여 있다. 냄새나고 축축하고 지저분하기 짝이 없다.

뤼씨가 말했다.
"이런 걸 나한테 보여 주다니, 너, 진짜 재수 없는 애다."
"아, 그래서? 넌 그럼 전쟁과 굶주림에 대해서 보도하는 기자들은 다 재수 없겠네?"
"내가 알 게 뭐야. 그리고 벌써 이 분 지났어."

자크는 기가 막혀서 바로 그날 저녁때 옥타브에게 전화를 걸었다. 옥타브는 자크를 위로했다.

"넌 그럼, 사람들이 다 똑똑하고, 다들 문제에 민감하고, 다 행동하고, 참여하려 한다고 생각하냐. 역사책이라고는 안 읽으니 그렇지!"

자크는 마음이 풀어지지 않았다.

"모르면 알게 해 줘야 할 거 아니냐고!"

"너, 우리 나라 사람 중에 저녁 여덟 시 뉴스 보는 사람이 얼마나 되는지 알아? 신문은 매일 몇 부 팔리는지 알아?"

"얼마나 되는데?"

"많이!"

"그러니까 개똥 얘기를 해야지!"

"해 봐! 자크, 넌 뭐가 문제냐면 말이야, 세상에는 음…… 별생각이 없는 사람들이 있다는 걸 알려고 하지 않는다는 거야!"

"사람들을 좀 나아지게 할 수는 있는 거잖아!"

"아니, 지금까지로 봐서는 아니지. 하지만 뭐, 희망을 가질 수야 있겠지."

자크는 헛된 희망의 클럽을 생각했다.

## 5. 진짜 클럽


 못 말리는 티에리가 진짜 클럽의 진짜 카드를 가지고 왔다. 비닐코팅까지 한 그럴듯한 카드를. 컴퓨터 전문가인 아빠를 엄청 졸랐던 모양이다. 굉장한 아빠에 굉장한 아들이다!
 티에리가 카드를 나눠 주었다. 애들은 이렇게 멋진 클럽의 정식 회원이 된 걸, 특히 주민등록증같이 생긴 이 카드를 가지게 된 걸 굉장히 좋아했다. 아이들은 자크와 옥타브 말이라면 달나라까지도 따라간다고 할 것 같았다. 이 둘은 반에서 공부도 제일 잘하고 언제나 친절하고 착해서 항상 다른 애들을 도와줄 자세가 되어 있는 아이들이었으니까. 이 두 아이들에게서 나쁜 면을 찾아내기란 어려운 일이다. 자크가 엄청 기분이 나쁜데 옥타브는 교황이라도 된다는 듯이 행동하는 날 같은 때만 빼면.

첫 번째 모임은 토요일 오후로 정해졌다.

옥타브는 아이들에게 간식으로 먹을 음료수나 과자를 가지고 오라고 했다. 회의는 옥타브네 집에서 하기로 했다. 거실이 굉장히 크고 부모님이 항상 집에 안 계신 데다가 걔네 형들이 명예 회원이기 때문이다.

티에리는 동네 지도를 뒤져서 옥타브네 집으로 가는 길을 정확하게 표시했다. 아이들이 시간에 딱 맞춰서 올 수 있도록. 위에서 내려다보고 찍은 집 사진까지 나오게 인쇄했다. 마지막으로 '15시 정각!'이라고 써 넣어서 회원들에게 한 장 한 장 나눠 주었다. 그리고 회원들 각자가 동네의 개똥 문제를 해결하기 위한 방안을 하나씩 생각해 올 것을 당부했다. 자크와 옥타브는 티에리가 창립 멤버인 자기들한테 물어보지도 않고 법석을 떠는 것이 마음에 들지 않았다. 그렇긴 하지만 티에리가 솔선해서 일을 하고 있다는 것만큼은 인정하지 않을 수 없었다.

비 오는 가을의 어느 회색 토요일 오후, 스무 명 정도 되는 아이들이 옥타브네 집 거실에 모였다. 숨이 턱에 찬 자크가 꼴찌로 도착했다.

"엄마가 피아노 연습 안 하면 못 나간다고 해서!"

비 오는 날은 개들이 안 나오고 집에 있나? 빗물에 개들의 흔적이 씻겨 내려갈까? 아니, 어쩌면 빗물에 더 더러워질지도 모른다! 스무 명 반체제 인사들의 의견이 부글부글 끓어올랐다.

자크가 발언을 시작했다. 써 온 원고를 읽었다.

"우리는 아이들에 불과합니다. 어른들은 아이들 말은 별로 귀담아 듣지 않습니다. '진실은 아이들 입에서 나온다!' 이런 문장을 사용할 때를 빼면 말이지요. 우리들은 다 같이 우리 동네의 시멘트 길 위에서 벌어지고 있는 심각한 문제를 확인하고 해결하기 위해서 여기에 모였습니다. 만일 우리가 해결책을 찾아낸다면 시장님을 만나러 갈 것입니다. 시장님에게 문제를 인식시키고 도움을 요청할 것입니다. 세상을 사는 방법에는 두 가지가 있습니다. 두 팔을 얌전히 내리고 있느냐, 흔드느냐. 여러분, 어떤 방법을 선택하시겠습니까?"

박수가 쏟아졌다. 이담에 어른이 되면 자크가 바로 시장이 될지도 모르겠다!

옥타브도 연설을 했다.

"이 일의 창립 멤버로서 나는 여러분이 우리 집에 모여

준 것을 몹시 기쁘게 생각합니다. 그리고 여러분께 우리는 일을 하기 위해서, 해결책을 구하고 찾아내기 위해서 여기에 모였다는 것을 말씀드립니다. 한꺼번에 여러 사람이 말하지 않을 것을 부탁드립니다. 학교처럼 하려고 하는 것은 아니고, 티에리가 여러분의 제안을 녹음해서 컴퓨터에 입력할 것입니다. 그러니까 여러분, 자기가 생각해 온 것을 말하기 전에 이름을 먼저 말해 주실 것을 부탁드립니다."

 술탄-파치는 동생을 데리고 올 수밖에 없었다. 집에 아무도 없어서 자기가 돌봐야 했기 때문이다. 그런데 오히려 잘된 일이었다. 술탄-파치의 동생은 이제 겨우 걸음마를 배운 아기였고, 술탄-파치는 일등으로 말하고 싶어 했다. 자신의 아이디어가 확실한 해결책이라고 믿고 있었기 때문이다.

 "알았어, 얘기해!"

 자크가 말했다.

 술탄-파치는 동생을 팔에 안았다. 동생이 입고 있는 치마를 들춰서 비닐코팅이 되어 있는 붕대 같은 것을 보여 주었다.

 "아기들도 개들처럼 화장실에 갈 줄 모릅니다. 그래서 사람들은, 우리 엄마가 '세기의 발명'이라고 생각하는 기저귀라는 것을 만들었습니다. 개들한테도 기저귀를 채우는 게 어떨까요?"

애들이 한꺼번에 웅성대기 시작했다. 어떤 애들은 술탄-파치의 생각이 기가 막힌 아이디어라면서 흥분했고, 어떤 애들은 기저귀 값이 비싼데 개 주인들이 돈을 그렇게 쓸 리가 없다고 잘라 말했다.

"그럼 투표에 붙이기 전에 여러분들의 생각을 하나하나 다 들어 보겠습니다."

위고가 소리를 질렀다.

다들 자기 아이디어를 자랑스러워했다. 똑같은 아이디어가 이미 나왔을 때도 마찬가지였다. 개들을 가두어 둔다, 개들 전용 공원을 만든다, 개똥을 모으는 통을 설치한다, 안에다 자갈을 넣은 통, 모래를 넣은 통, 인도 중간 중간에 흙으로 된 부분을 만들어 놓는다, 개들을 위한 모래로 된 장소가 나올 때까지 항상 줄을 묶고 다닌다, 개똥을 버리는 특수 쓰레기통을 배치한다, 개들을 도시에서 멀리 떨어진 자연 속에다 키우게 한다, 인도 가장자리에 모래를 깔아서 개똥을 그쪽으로 모은다 등등.

도로 청소하는 사람이나 보수하는 사람들을 더 고용해서 개똥만 치우게 하자는 사회 경제적인 제안이 확실히 돈

보였다. 레아는 우체부에게 삽을 나눠 줘야 한다고 했다. 그렇게 하면 우편물을 배달하느라 시내 구석구석 다니면서 개똥도 치울 수 있을 거라면서.

이런 초기 제안들에 대해서 열띤 토론을 거친 후에 옥타브가 또 다른 의견이 있느냐고 물었다. 톰이 이렇게 말했다.

"다 좋은데, 개 주인들에게 책임을 묻고 벌을 좀 줘야 하는 거 아닐까?"

톰의 지적에 이어서 또 다른 아이디어들이 나왔다. 자크가 이미 생각했던, 개 주인들에게 비닐봉지를 나눠 주자는 의견 같은 것들.

마리가 계속 주장했다.

"개 주인들이 자기 개똥을 치우는 게 맞지."

이 부분에 대한 법적인 책임 문제를 따지느라 분분하던 아이들은 이런 의견을 내놓았다.

"개 주인들한테 빗자루와 삽을 사라 그래야 돼!"

"개 엉덩이에다가 봉지를 매달라 그래!"

"개가 지나간 다음에는 길에다 향수를 뿌려야 돼!"

"개똥 집는 특수집게를 발명해야 돼!"

기계적인 부분에 대해서는 이런 의견들이 나왔다.

"골목 구석구석에 청소기를 놔둬야 돼!"

"보도블록 청소 전용 진공청소기를 발명해야 돼!"
"개똥만 싣고 다니는 오토바이를 사야 돼!"
"아예, 개똥 길을 만들어야 돼!"
"개똥 탐지 로봇을 풀어놓아야 돼!"

티에리는 '개똥 금지'라고 쓰인 팻말을 만들자는 제안을 했다.

프륀은 몇 가지 과학적인 아이디어를 내놓았다. 똥을 덜 누는 품종의 개를 기르자는 것과 개똥을 재활용해서 석유를 생산하자는 것, 그리고 개 주인들을 교육시키기 위한 캠페인을 벌이자는 것.

아마르가 영감이 떠올랐다며 이렇게 말했다.

"개똥 안 치우는 주인들한테 벌을 줘야 돼. 마을의 청결을 존중하지 않는 개 주인들에게 백 유로의 벌금을 매기는 거야. 그러고 나서 그 돈을 뭔가 해결책을 찾는 데에 쓰는 거지."

테오는 말을 안 듣는 개를 죽이거나 개 주인에게 자기 개가 눈 똥을 먹게 해야 한다고 말했다.

그리고 드디어 모든 아이들의 비웃음을 살 만한 의견을 낸 것은 자크였다.

"개들 전용 화장실을 만들어야 돼!"

# 6. 화장실의 역사 클럽

애들이 다 집에 가려고 할 때 옥타브의 형 세자르가 들어왔다. 세자르는 고등학교 1학년, 이 집안의 형제들이 다 그렇듯이 공부 잘하고 바보 같은 짓은 할 줄 모른다. 근데 세자르의 문제는 성격이 우울하다는 거다. 세자르는 컴퓨터를 켜 놓고는 처다보지도 않고 굴러다니는 과자를 집어 먹으면서 소파에 앉았다.

옥타브네 식구들은 참견하는 걸 겁내지 않는다.

"왜 그래? 무슨 일 있어?"

동생이 물었다.

"월요일날 발표를 해야 되는데 아직 시작도 안 했어."

"그럼 시작하면 되잖아!"

"주제를 골라야 된단 말이야!"

세자르가 속상해했다.

"무슨 과목인데?"

자크가 물었다.

"기술."

침묵.

"세계를 바꿔 놓은 발명에 대해서 말하면 되잖아."

"컴퓨터!"

옥타브가 제안을 했다.

"애들이 다 컴퓨터를 고르겠지."

다들 이런저런 발명품들에 대해서 얘기했지만 매번 세자르는 우울한 얼굴로 고개를 저었다.

그런데 갑자기 자크의 머릿속에 1000와트짜리 전구가 탁 켜졌다.

"화장실의 발명에 대해서 발표하면 되겠다!"

찌푸려졌던 세자르의 얼굴에 미소가 떠올랐다. 세자르는 말없이 컴퓨터 책상으로 자리를 옮겨 자판을 두드리기 시작했다. WC라고 쳐 넣었지만 구글은 별 신통한 답변을 내놓지 못했다.

"에이! WC가 뭐지? 정식 이름은 어떤 거지?"

세자르는 화장실과 관계가 있는 명사를 다 생각해 보았

다. 욕실, 변기, 정화조, 수도, 작은 집, 청소. 사전을 찾아 봐도 별 도움이 안 되었다.

그러다가 어디선가 답을 찾았다.

"화장실은 소변, 대변, 토사물, 생리혈 등의 인체 찌꺼기를 처리하기 위해서 고안된 배관 시스템이다."

"별로 자료가 없는 걸 보니 인간의 신체적 기능 중에 이 부분은 안 좋은 것으로 여겨지고 있는 것 같아. 책에도 영화에도 노래에도 오줌을 눈다든가 그런 얘기는 나오는 적이 없잖아. 그런 얘긴 하면 안 되나?"

자크가 물었다.

"그렇지, 그런 주제는 금기 같은 거지. 더럽고, 냄새나고, 해롭고, 필요 없고, 저속하다고 생각되니까."

"그럼 뤼씨 생각이 그런 거네. 우리가 그런 얘기 한다고 밥맛이랬잖아."

"그렇지만 화장실 안 가도 되는 사람이 어딨냐. 왕이건 왕비건 청소부건 마술사건 아이건 어른이건 대통령이건 선생님이건 영화배우건 축구선수건 뭐건 다 마찬가지지!"

세자르가 자판기를 토도독 두드리더니 읽기 시작했다.

"인간이 집을 짓고 살기 전에는 화장실이 없었다. 필요하면 아무 데나 배설을 하였다."

"그러므로 화장실은 위생의 문제이다. 배설물은 건강에 해롭다."

옥타브가 이렇게 읽어 나가자 자크가 감탄을 했다.

"화장실은 문명의 중요한 한 부분이네. 화장실은 우리가 문명인인 이유 중의 하나란 얘기잖아!"

세자르는 계속해서 찾더니 동생들에게 화장실의 역사에 대한 도표를 보여 주었다.

✓ 기원전 2500년: 모헨조에는 상당히 발전된 하수구 시스템이 있었다.

✓ 기원전 1000년: 페르시아 만에 있는 베레인 섬에서 수세식 화장실이 발견되었다.

✓ 서기 69년: 베스파지아누스는 화장실세를 걷었다.

✓ 1214년: 최초의 공중 화장실 건축.

✓ 1596년: J. D. 해링턴, WC 발명.

✓ 1668년: 모든 집에 화장실을 만들어야 한다는 파리 경찰청의 칙령.

✓ 1739년: 파리 어느 무도회장에 최초로 남자용과 여자용이 분리된 화장실이 등장.

✓ 1824년: 파리에 최초로 공중 화장실 등장.

✓ 1859년: 빅토리아 여왕의 금으로 장식된 화장실.

✓ 1883년: 빅토리아 여왕을 위한 최초의 도자기 화장실.
✓ 1889년: 세계 최초의 하수도 처리.

"됐다, 이걸로 발표를 하면 되겠다!"
세자르는 신이 났다.
"형, 다 하고 나서 우리한테 얘기해 줄 수 있어? 우리도 관심 있단 말이야!"
옥타브가 말했다.
자크는 날아갈 것 같은 기분이었다. 이 정보들은 조금씩 조금씩, 한 발 한 발 모든 게 진화, 발전하고 있다는 걸, 인간은 앞으로 나아간다는 걸 보여 주는 게 아닌가. 굉장하다!
그러나 이제는 개들도 앞으로 나아가게 만들어야 할 때다! 인간이 문명화되었다면 이제는 '인간의 가장 충실한 벗'인 개들을 생각할 때다.

## 7. 개 (같은 인)생 클럽

집에 들어가면서 자크는 피아노 연습을 해야 한다고 생각했다. 모임에 가기 전에 반을 하고 나머지 반은 갔다 와서 하기로 엄마랑 약속을 했기 때문이다. 자크가 피아노를 싫어하는 건 아니다. 그 반대다. 일단 한 곡을 익히고 나면 날아갈 듯한 기분이 들어 몇 시간이고 피아노 앞에 앉아서 연주를 한다. 그러나 단순하게 말해서, 그런 기분이 들기까지는 연습을 너무 많이 해야 한다는 게 문제다. 연습을 많이 하는 건 고통스럽다. 틀리고 버벅대고 헤매고 쩔쩔맨다!

자크는 개를 끌고 가는 아까 그 아줌마를 만났다.
"우리 예쁜 이누이, 자, 착하지, 이리 와라, 응!"
개가 좀 떨어져 가려고 하자 아줌마가 큰 소리로 말했

다.

　아줌마는 개끈을 잡아당겼다. 자크는 어떻게 저렇게 개를 예뻐할 수 있는지 이해할 수 없다. 저 망할 이누이가 길거리에다가 그놈의 똥을 누려고 할 때 자크는 가슴에 꽉 찬 말을 뱉어 놓았다.

　"아주머니, 대단히 죄송합니다만 아주머니네 개의 행동이 저한테는 상당히 충격적입니다."

　"엥?"

　"이 개는 방금 우리 도시의 보도를 더럽혔습니다. 저는 더럽고 비위생적인 도시에서 살고 싶지 않습니다!"

　"아니, 날더러 어쩌란 말이니? 얜 개야. 넌 개들이 다니는 화장실이라도 있다고 생각하는 거니?"

　아주머니는 자크의 가슴에 바로 와서 꽂히는 말을 했다.

　"바로 그거라고요!"

　개들이 문명화되도록 도와줘야 한다는 생각에 그 어느 때보다 더 확신이 서서 말했다.


　자크는 자신이 개를 싫어한다는 것을 확실히 알고 있었다. 개들은 시끄럽고, 더러운 걸 쏟아 내고, 사회가 잘 돌아가게 하는 데 전혀 도움이 되지 않는다!

아파트 문 안쪽에서 평소와는 다른 부산한 움직임이 느껴진다. 그제야 자크는 오늘 저녁에 할머니가 오시기로 했다는 게 생각났다. 할머니 생각을 하니 심장박동수가 빨라진다. 자크는 할머니를 너무너무 좋아한다. 할머니는 웃기고, 언제나 자크와 누나에게 엉뚱한 선물을 생각해 내서 가져다주신다. 자크가 말만 하면 할머니는 이 세상 끝까지라도 달려가서 손자가 말한 것을 찾아오실 분이다. 할머니는 자크한테, 숙제는 했느냐, 방 청소는 했느냐, 식탁을 치워라, 침대를 정리해라 같은 말은 절대로 하지 않으신다. 할머니는 오로지 손주들의 즐거움을 위해서만 존재한다.

자크는 집에 들어간다……. 근데, 자기 집이 아니다. 문을 열자마자 갑자기 당장 도망치고 싶은, 땅속의 어두컴컴하고 메마른 세계로 가 버리는 무슨 공포 영화 속으로 들어오거나 아니면 악몽이라도 꾸는 느낌이다. 도망가고 싶은데 출구를 모르겠다.

할머니는 분명히 거기 계신다. 아빠 엄마랑, 누나한테 둘러싸여서. 그런데 갑자기 무슨 저주처럼 자크는 할머니가 싫어졌다!

"안 돼! 말도 안 돼, 할머니! 이럴 수는 없어요! 할머니가 개를 키우다니요!"

"저런, 우리 귀한 왕자님, 그동안 잘 지내셨나. 착하고 예의바른 우리 손주가 어떻게 된 걸까?"

"할머니, 이 개는 뭐예요?"

자크는 기분 나쁜 투로 물었다.

개가 자크에게 뛰어오른다. 자크는 전혀 즐겁지 않다.

"이 강아지는 할머니가 세상에서 가장 사랑하는 우리 손주한테 주는 시월의 특별 선물이야!"

"차라리 죽여 주세요!"

할머니한테 상처를 주고 싶지 않은 자크는 속으로만 생각한다.

"엄마는 알고 있었어?"

자크가 엄마한테 물었다.

"전혀!"

자크를 부엌 쪽으로 끌고 가면서 엄마가 조그맣게 말했다.

"시어머니표 선물이잖니! 네 선물이니까 나한테 애 하나 더 키우게 만들지 마라."

아빠가 부엌으로 따라 들어오신다.

"예의없이! 어머니가 우리 기분 좋게 해 주시려고 하는 건데 뒤에서 쑤군거리는 건 무슨 태도냐고."

"아빠는 알고 있었어?"

"아빠가? 우리 엄마가 아직도 나를 놀라게 하는 분이라는 건 너도 알고 있잖냐. 나한테 저 개를 돌보게 할 생각은 아예 하지 마라. 너를 위한 선물이라시니까."

"하지만 아빠! 나는 개를 싫어한다고!"

"할머니를 싫어하는 건 아니잖아. 가서 착하게 할머니한테 감사하다고 말씀드려. 선물은 거절하는 거 아니야."

자크는 개가 튀어오르고, 짖고, 뛰어다니는 거실로 돌아갔다.

"할머니, 이 개는 품종이 뭐예요?"

"아, 이 개는 잡종이란다."

자크는 이 개가 일본 스패니얼과 독일 셰퍼트의 중간쯤 된다고 생각한다. 둘 다 프랑스의 옛날 적군들. 자크는 관심이 많은 것처럼 보이기 위해서 뭔가 똑똑한 질문을 하려고 머리를 쥐어짠다.

"이 개는 몇 살인데요?"

"아주 애기야. 삼 주밖에 안 되었단다."

"할머니가 샀어요?"

"아니, 우리 옆집에 사는 페르니켈 씨네 개가 새끼를 일곱 마리나 낳았거든. 보자마자 얼마나 예쁜지 우리 손주 생각이 저절로 나더라고."

"근데 왜 할머니가 안 키워요?"

"할머니는 여행을 너무 많이 하잖아."

"그럼 왜 누나한테 주지 않고요?"

할머니는 유디뜨를 쳐다보더니 이렇게 말했다.

"할머니 미워하는 거 아니지? 넌 학교 숙제도 너무 많고 해서 얠 책임질 수 없을 거 같더라."

"책임?"

자크가 웅얼거렸다.

"아니, 괜찮아. 됐다고! 어쨌든 우리 집 갠데, 뭐."

"난 개를 어떻게 돌보는지 모른다고요!"

자크가 우는 소리를 했다.

할머니는 무슨 공문이라도 읽듯이 이렇게 말했다.

"개를 교육시킨다는 건 자기 자신을 교육하기 시작하는 것이며 주인으로서의 책임감을 의식하는 것이며 개에 대해서뿐만 아니라 우리가 함께 살고 있는 사회에 대한 책임감까지 의식하는 거야."

자크는 이 문장을 개똥을 몰래 남기고 가는 사람들에게

벌금을 매길 때 사용하면 좋을 것 같다는 생각이 들었다. 하지만 지금으로서는 이 바보 같은 잡종개가 땅속으로 꺼져 버리는 것 말고는 아무것도 바라는 게 없다. 그래도 꼭 개를 가져야만 한다면 적어도 직접 선택하고 싶었다. 그러면 아빠의 위스키 병 라벨에 있는 것처럼 생긴 스코틀랜드 테리어를 골랐을 것이다.

"손자! 마음에 들어?"

할머니가 물었다.

자크는 쉽게 말을 하는 스타일이지만 뭐라고 해야 할지 몰랐다. 머리에 떠오르는 생각은 딱 한 가지뿐인데 그게 입을 거쳐서 이렇게 되어 나왔다.

"어쨌든 부모가 아이를 고를 수 있는 건 아니지 뭐. 애가 알아서 오는 거고 부모는 그냥 받아들일 수밖에 없는 거잖아요."

"그래서, 마음에 든다는 거야?"

할머니가 한숨을 쉬었다.

강아지가 자크의 발목을 핥으며 깽깽거렸다. 자크는 토할 것 같았다. 세상에 태어나서 가장 암담한 시간을 살고 있는 기분이었다.

그건 아니다. 자크가 틀렸다. 더 나쁜 건 항상 있다.

# 8. 개들의 클럽

"얘 이름은 뭐예요?"
자크가 할머니한테 물었다.
"이름은 네가 지어 줘야지."
멍청한 강아지는 꼬리를 흔들어 대고, 침을 흘리면서 자크의 다리를 깨물었다. 새까만 녀석이 자크한테 기어오르려고 팔짝거리고 있었다. 아! 진짜 싫다! 이름을 지어야 한다니까 떠오른 거라고는 껌둥이, 멍청이, 못난이밖에 없었다.

이 저주스런 개한테 좀 멋진 이름을 생각하려고 하니 프랑켄슈타인, 아틸라, 히틀러 정도가 떠올랐다. 하지만 할머니를 쳐다보니 마음이 좀 누그러졌다. 어쨌든 할머니는 자기를 기분 좋게 해 주려고 한 거니까. 할아버지가 돌아

가신 후 할머니는 우울해했다.

"애한테 너네 할아버지 이름을 붙여 주면 어떨까?"

자크는 그건 이상하다고 생각했다. 자기 이름을 이 보잘것없는 포유류한테 붙여 준 걸 알면 할아버지가 혹시 무덤에서 일어나시지 않을까? 근데 할머니가 그러자고 하는 거니까 괜찮을까? 확인을 해 봐야 한다.

"얘를 할아버지 이름으로 부르자고요?"

"응, 할아버지도 재미있어하시지 않을까?"

"샤를르 에두아르 루이 오귀스트, 이렇게 부르자고요?"

"와! 멋지다!"

할머니가 감탄을 하셨다.

개 이름치고는 좀 심하지만 뭐. 이름이야 어찌 되었든 자크는 이 개를 '괴물' 말고 다른 이름으로 부를 생각이 눈곱만큼도 없었다. 개들의 이름을 등록하는 데도 있나?

유디뜨는 벌써부터 "샤를르 에두아르 루이 오귀스트, 이리 와." 이러고 있었다. 하지만 개는 꼼짝도 하지 않았다. 아직 자기 이름이 샤를르 에두아르 루이 오귀스트인지 모르는 거다. 그리고 자크의 발목에서 떨어지려고 하지를 않았다. 불행히도 자크는 이 멍청한 녀석을 완전히 미워할 수가 없어졌다. 그렇게 좋아했던 할아버지 이름을 붙여 놓왔으니 말이다.

최악―글쎄, 자크는 '최악'이 뭔지는 모른다. 단지 점점 더 나빠지고 있다는 거다. 그러니까 절대적인 악이 등장하기 전에 또 더 나빠진 게 있는데 그건 자크가 좋아하는 할머니는 떠나고 혐오스런 개는…… 남는다는 거다!

자크는 산성비나 핵전쟁처럼 갑자기 하늘에서 툭 떨어진 이 갓난쟁이를 어떻게 해야 할지 아무 생각도 나지 않았다. 그러는 사이, 이런, 개는 집 안을 미친 듯이 뛰어다니기로 한 모양이었다. 그러다가 자크가 석 달 동안 무한한 인내심을 발휘하면서 성냥을 쌓아서 만든 피사의 사탑에 부딪혀 버렸다. 피사의 사탑이 없어져 버렸다! 그것도 모자라서 샤를르 에두아르 루이 오귀스트는 거실에 있는 페르시아 카펫 한가운데다가 똥을 쌌다.

"이 개는 네가 맡아서 가르쳐야 되겠다!"

엄마는 농담하고 싶은 기분이 전혀 아닌 거 같았다.

"그리고 페르시아 카펫 청소하는 것도 배워야겠다."

아빠가 덧붙이셨다. 그래도 아들이 불쌍한지 개똥을 치우는 걸 도와주셨다.

다들 말없이 저녁을 먹었다. 이 가정의 누구도 하느님께 개를 보내 달라고 소원한 적이 없었다. 그런데 갑자기 자크의 발목을 찾아 들어온 몹쓸 개라니. 자크는 이제 벌써 아홉 시인데 피아노 연습이 반이나 남아 있는 건 물론이고 숙제도 하지 않았다는 데에 생각이 미쳤다.

"피아노 칠 시간 한 시간밖에 안 남았다."

자크가 잊어버리고 싶은 것을 절대로 잊어버리는 법이 없는 엄마가 말했다.

밤 열 시 이후에는 아파트에서 피아노를 치면 안 된다.

"숙제도 아직 안 했는데."

"피아노 먼저."

자크는 혼자서 피아노 연습하는 걸 싫어한다. 하지만 온 식구가 다 모여서 못 치는 걸 확인하는 건 더 싫어한다.

"우선 개부터 데리고 나가야 할 것 같구나. 할머니가 개 끈을 가지고 오셨을 거야."

아빠가 얘기했다.

"똥은 벌써 쌌잖아!"

자크가 짜증을 냈다.

"습관을 제대로 들여야지."

"나 말이야, 개 말이야?"

"너랑 개랑 둘 다!"

"그럼 아빠는 이제부터 내가 매일 밤 열두 시에 자면 좋겠어?"

"빨리빨리 할 수 있도록 리듬이 생기겠지."

"피아노 먼저 치고 나서 개 데리고 나가라."

'피아노 먼저'를 달고 사는 엄마가 말했다.

자크는 피아노 앞에 앉았다. 샤를르 에두아르 루이 오귀스트가 따라와서 발치에 앉았다. 한 음만 잘못 쳐도 개가 짖었다. 잘못 친 음과 개 짖는 소리가 만나서 '불협화음'을 이루었다. 자크는 연습곡을 다시 시작했다. 건반 하나만 잘못 치면 개가 또 짖었다.

"이런, 이거 아주 유식한 개네!"

엄마가 농담을 했다.

고장 난 로봇처럼 피아노를 치고 난 자크는 미친 듯이 뛰어 달아나려는 개의 속도를 늦추기 위해 끈을 잡아당기면서 계단으로 뛰어갔다.

깜깜한 밤이었다. 자크는 개를 가장 가까운 하수구 쪽으로 데리고 갔다. 샤를르 에두아르 루이 오귀스트는 살 것 같은 모양이었다. 하지만 힘든 하루를 보낸 자크는 지쳐서 어떻게 해 볼 힘이 없었다. 자기가 개를 끌고 가는 건지, 개가 자기를 끌고 가는 건지 모를 지경이었다. 그런데 집에서 십 분 정도 떨어진 몽토르게이유 길 끄트머리에 있는 레알 정원에 오자 이 외계인 같은 강아지는 나무 뒤로 가서 또 한 번 똥을 누는 것이었다. 샤를르 에두아르 루이 오귀스트는 결국 신중한 개였던 것이다.

이 훌륭한 과업을 수행하고 나자 개는 이제 급할 게 없어졌다. 자크는 개랑 둘이서 문 닫은 가게들이 늘어선 길거리를 느릿느릿 걸었다. 자크는 다 잊어버리고 밤에 밖에서, 혼자도 아니고 무섭지도 않은 자유로운 기분 속에 빠져들었다.

샤를르 에두아르 루이 오귀스트는 엘리베이터를 타지 않으려고 했다. 어찌나 깨갱거리는지 그렇지 않아도 피아노 때문에 이웃들과 문제가 많은데 죽은 사람도 일어날 것만 같았다. 할 수 없이 오층까지 걸어 올라왔다. 자크는 목이 말랐다. 자동적으로 물을 한 그릇 떠다 주니 샤를르 에두아르 루이 오귀스트는 한 번도 입을 떼지 않고 다 핥아 먹었다. 자크는 자기도 물을 한 컵 따라 마시면서 개의 물 그릇을 한 번 더 채워 주었다. 부엌 타일 바닥에 녀석이 냇물을 쏟아 내기 전까지는 원인과 결과의 법칙이라는 과학 현상을 생각하지 못했던 것이다.

자크는 두루마리 휴지 한 통을 다 쓰고 나서야 세수도 양치도 못하고 잠자리에 들어 버렸다. 혼자 침대 속에 들어가니 행복한 느낌이 들었다. 이제는 방도 누나랑 같이 쓰지 않으니 내 자리, 포근한 안식처라는 생각이 들고 꿈나라로 떠날 수 있을 것 같은 느낌이 들었다. 자크는 이불을 덮고 가만히 누워서 침대 매트리스에 몸이 닿는 느낌을 즐겼다.

오늘은 잠이 안 올 리가 없었다. 개가 침대로 뛰어 올라와서 자기 배를 베개 삼아 드러눕지만 않았다면……. 자크는 이놈의 강아지를 없애 버릴…… 방법을 찾아내려고 애를 썼다.

## 9. 우선 클럽

 자크는 아침에 눈을 뜨면서 녀석이 자기 위에 올라와 있는 걸 미처 알아차리지 못한 채 배 위가 묵직한 걸 느꼈다. 그뿐이 아니다! 이 망할 자식이 자크 배를 화장실인 줄 안 것이다. 악몽보다 더 끔찍했다. '물건'이 바로 여기 있으니 이건 꿈도 아닌데 세상에서 가장 쉬운 일인 침대에서 일어나는 일을 어떻게 해야 할지 모르겠는 거다! 공포 영화보다도, 무서운 책보다도, 자크가 제일 싫어하는 것보다도 더 나빴다. 자크의 입에서 나올 수 있었던 유일한 말은 "으어어어어엄마아아아아아아아아!" 그러니까 번역하면 '엄마'였다.
 엄마가 당장 달려왔다.
 "아, 어이쿠, 어이구구구구, 아니, 어휴, 정말."

이러더니 엄마는 드디어 소리를 질렀다.
"우웩! 너네 할머니가 정말 확실하게 한 건 하셨구나. 아! 이건 정말 아니다!"
엄마는 금방 가 버렸다. 곧이어 이런 소리가 났다.
"당신 엄마잖아! 당신이 치워!"
자크는 엄마와 할머니 사이에서 벌어지는 눈에 보이지 않는 싸움을 싫어한다. 두 적군을 다 좋아할 때는 어떻게 해야 한단 말인가? 자크는 엄마와 아빠 사이의 치사한 싸움도 싫어한다. 엄마와 아빠를 다 좋아할 때는 어떻게 해야 한단 말인가? 아빠도 엄마와 똑같은 소리를 내면서 달려왔다. 그래도 아빠는 좀 효율적으로 행동했다. 개를 쫓아내고, 파자마로 물건을 감싸들고 화장실에 가서 버리고 자크를 샤워실로 가게 해 주었다.
자크는 샤워를 하면서 노래가 나오지 않았다. 절망적이고 짓눌리고 완전히 지친 기분이었다. 인생이라는 게 그냥 너무 복잡하게 느껴졌다. 지옥 같은 녀석의 냄새를 없애기 위해서 온몸에 향기 나는 비누를 열심히 칠했다. 몸을 헹구는데 번쩍하고 한 줄기 빛이 비치는 느낌이었다. 살아 있는 한, 희망은 있는 것이다.
자크는 옷을 입으면서 생각했다.

"우선 클럽, 개는 나중에."

오늘 아침 수업이 없는 누나가 바로 기적이 나타난다는 적극적인 증거다……. 얌전히 기다리기만 한다면 말이다. 보통 때는 계속 동생한테 못되게 구는 누나가 개를 데리고 나가겠다는 거다. 인생에는 가끔 좋은 깜짝 선물도 있는 모양이다.

인생에는 충격도 찾아온다. 교문을 들어서는데 움직이는 충격이 나타났다. 티에리가 꼬마 국기를 매단 기다란 이쑤시개가 잔뜩 든 투명 비닐가방을 자랑스럽게 보여 주는 것이었다.

자크는 티에리 얼굴 한 번 국기 한 번 번갈아 가면서 쳐다봤다. 옥타브, 술탄-파치, 아마르가 다가왔다.

"그래서? 이 국기들로 뭘 할 건데? 주민등록증처럼 개들한테 달아 줄 거야?"

"아니! 개똥에다가 꽂아 놓으려고. 그러면 훨씬 잘 보일 테니까. 멋지지 않아?"

"우리 나라 국기를 지저분한 개똥 한가운데다가 박는다고?"

술탄-파치가 물었다.

"당연하지! 개 주인인 국민들에게, 당신들이 우리 나라를 얼마나 오염시키고 있는지 잘 보세요, 라는 뜻으로!"

"미안하지만 그런 식으로 국기를 더럽히면 안 되는 것 같다."

옥타브가 선언했다.

"나라를 잘 지키자는 뜻이잖아!"

티에리가 맞섰다.

"나도 충격이다."

아마르가 말했다.

"있지, 티에리, 쟤네들 말이 맞아. 국기는 다른 데다 사용하자. 국기 아이디어는 좋은 거 같아."

자크가 말했다.

"그럼 이탈리아 국기로 할까."

티에리가 제안을 했다.

"아니, 그런 것보다는 표어를 써 넣은 깃발이 좋겠어. 각자 하나씩 의견을 내 보자."

"예를 들면 이런 거지. 〈누가 감히 개를 이렇게 하도록 내버려두었나?〉"

옥타브가 말했다.

"그래, 그거 괜찮겠다. 표어 모집을 해 보자."

자크는 클럽 얘기도 건성으로 했다. 이놈의 샤를르 에두아르 루이 오귀스트라는 골칫덩어리를 어떻게 해결할 수 있나 고민하느라 마음에 돌덩이를 얹은 기분이었기 때문이다. 마음이 반은 클럽에 가 있고 반은 골칫덩어리에 가 있으니, 문제는 선생님의 질문에 신경을 쓸 마음이 전혀 남아 있지 않다는 거였다. 자크는 갑자기 오늘 복습을 해 오지 않았다는 데에 생각이 미쳤고 그러자 갑자기 자신감이 하나도 없어졌다. 선생님이 샤를르 보들레르라는 시인의 시를 칠판 앞에 나와서 외울 사람 손 들라고 할 때 자크는 고개를 숙였다. 톰이 그 시는 이해가 불가능한 거라고 했었기 때문에 더 기운이 빠졌지만 그렇잖아도 자크는 시를 들여다볼 시간도 기운도 없었더랬다.

자크는 다른 애들이 외우는 걸 듣고 있을 만큼의 참을성도 없었다. 창밖을 내다보며 샤를르 에두아르 루이 오귀스트 문제를 해결하는 방법만 생각하고 있었다.

1. 레알 공원에서 개를 〈잃어버린다〉.
2. 개가 굶어 죽게 내버려둔다.

그러자 갑자기 정신이 번쩍 났다. 아빠도 출근하고 엄마도 출근하고 누나도 학교 가고, 집에 가 보면 샤를르 에두아르 루이 오귀스트가 피골이 상접해 있을 확률이 아주 높다는 생각이 들었던 것이다. 개 먹이를 줄 생각을 아무도 안 했을 게 뻔하다, 기가 막혔다. 자크는 개를 죽였다는 소리는 듣고 싶지 않았다.

"아휴! 어떡하지……. 학교야, 제발 빨리 좀 끝나라!"

근데 도대체 개들은 뭘 먹여야 되지?

## 10. 분노 클럽

공교롭게도 자크는 하굣길에 이누이라는 개를 데리고 가는 그 아줌마를 또 만났다. 자크는 그 아줌마가 혐오스러웠다. 하지만 어쩌면 도움이 될지도 모른다.

"저, 실례지만…… 혹시 개들은 뭘 먹여야 되는지 가르쳐 주실 수 있으세요?"

"우리 이누이는 크로켓을 잘 먹는데."

자크는 가지고 있는 용돈을 다 털어서 아줌마가 가르쳐 준 대로 개 사료용 크로켓 중에 제일 좋은 걸 샀다.

현관문에 열쇠를 넣고 돌리자마자 자크는 뭔가 또 난리가 났다는 걸 직감적으로 알 수 있었다. 자크 생각이 틀리지 않았다! 부엌이 발칵 뒤집혀 있었다. 샤를르 에두아르 루이 오귀스트는 엄청 배가 고팠나 보다. 어떻게 했는지 부엌 수납장을 있는 대로 다 열어 놓고 마카로니, 라비올리, 스파게티, 라쟈냐(물론 익히지 않은 것들)를 다 맛보았던 모양이다. 비스코트랑 감자칩, 콘플레이크, 케이크도 물어뜯어 놓았고 자크가 초콜릿을 숨겨 놓는 진짜 찾기 어려운 비밀 장소까지 다 헤집어 놓았다. 그렇게 해 놓고 개는 흥건한 토사물 속에 널브러져 있었다. 고통스러운지 두 눈은 "살려 줘! 도와줘!" 하고 말하는 것 같았다.

자크는 개에게 물을 먹이고 씻기고 부엌도 치웠다. 이상하게도 더 이상 녀석이 밉지 않았다. 녀석에 대한 반감이 아직 많이 남아 있는데도 불구하고 오히려 이 난리 속에서 샤를르 에두아르 루이 오귀스트랑 자기랑 더 끈끈하게 맺어지는 느낌이었다. 자크는 개를 욕실로 끌고 가서 샤워기로 물을 흠뻑 뿌려 주고 샴푸를 해 주었다. 녀석은 미친 듯이 날뛰었지만 좀 살아나기도 했다. 자크는 전화번호부를 뒤져서 집에서 가장 가까운 동물 병원을 찾아서 주소를 적고 부엌 정리를 마친 다음 골칫덩어리를 끌고 나갔다. 샤를르 에두아르 루이 오귀스트는 전에 화장실로 사용했던 나무 뒤의 그 장소로 자크를 끌고 갔다.

둘이 동물 병원에 도착하고 나서 자크는 깜짝 놀랐다. 세상에 개가 그렇게 많은 줄 몰랐었다. 온갖 품종의 크기도 다 다른 개들이 자크만큼이나 걱정스런 얼굴의 주인들과 함께 와 있었다. 보통 때 같으면 이런 개 주인들이나 개들에 대해서 자크는 경멸을 느꼈을 것이다. 하지만 지금은 그들과 같은 곤경에 처한 것이다!

"예약하셨나요?"

접수대의 여자가 물었다.

"아니요. 응급상황이에요!"

"무슨 일인데요?"

자크는 집에 들어가면서 봤던 걸 그대로 얘기했다.

"초콜릿을 먹었나 보네요. 개한테는 초콜릿 절대로 주면 안 돼요! 벌써 먹었으니 할 수 없고, 물을 많이 먹이세요. 그럼 괜찮아질 거예요. 예방접종은 했나요?"

"모르겠어요."

"일주일 뒤로 예약을 잡아 줄 테니 데리고 오세요. 예방접종 관계랑 다 확인해 봐야겠네요."

샤를르 에두아르 루이 오귀스트는 좀 나아졌다. 또 나무 뒤로 가더니 하던 대로 했다. 똥을 싸고 땅을 파서 자기 똥을 묻었다. 그리고 나서는 자크를 끌고 가기 싫은 자리로 갔다. 피아노 앞이다. 샤를르 에두아르 루이 오귀스트는 가만히 앉아서 자크를 쳐다보면서 말했다.

"아우우우우우우!"

달리 방법이 없다. 죽기만큼 싫은 연습곡을 치는 수밖에. 또다시 개는 음이 하나 틀릴 때마다, 치기 싫어서 미적댈 때마다 짖는다. 자크는 절대 음감을 가진 청중을 만족시키려고 노력을 했다. 틀리지 않을 때까지 연습을 했다. 개는 흡족한 것 같았다.

그리고 나서 자크는 책가방을 열어서 공책을 꺼냈다. 시 공책을 쳐다보다가 자크는 제 눈을 의심했다. 이 샤를르 보들레르라는 사람이 샤를르 에두아르 루이 오귀스트를 아는 게 틀림없다! 노는 시간에 아이들을 몰래 훔쳐보는 선생님이 아이들이 하는 얘기를 듣고 개에 관한 시를 골라서 외우라고 시킨 것 같다. 자크는 이 시에 나오는 낱말들의 삼 분의 일은 모르는 것 같았지만 주제에 너무 관심이 가서 사전을 뒤지며 읽었다. 모르는 낱말에는 밑줄 치고 풀이를 적어 두었다.

"양질호피(겉은 수려하고 속은 비어 있는)의 거만한(잘난 척하는) 4족류(네 발 달린 짐승), 덴마크산 개, 킹 찰스 개, 발바리, 또는 코커스패니얼(개의 품종 이름)종 따위. 마음에 들 것이라 확신하고 손님들 사타구니나 무릎에 함

부로 뛰어드는 놈, 어린애처럼 소란스럽고, 매춘부(사전에 없다. 할 수 없지! 계속)처럼 어리석고, 때로는 하인(가정집에서 직업적으로 식구들을 도와주는 사람)처럼 퉁명스럽고(기분이 안 좋고) 건방진 놈들! 뾰쪽한 코에는 친구의 발자취를 따라갈 만한 후각(냄새를 맡는 감각)조차 없고, 그 납작한 대가리에는 도미노 놀이를 할 만한 재주도 없고 빈둥빈둥(아무 일도 하지 않고 게으름을 피우며 놀기만 하는 모양) 몸이나 떨고 있는 이 그레이하운드(다리가 길고 토끼 사냥에 적합한 개의 품종)라고 불리는 네 발 달린 뱀들 따위는 체(경멸과 역겨움을 나타내는 감탄사)! 필요 없다!

개집에 들어가라, 이 모든 귀찮은 식객(하는 일 없이 남의 집에 얹혀서 밥을 얻어먹는 사람을 가리키는 말)들!

보드랍게 쿠션을 넣은 개집으로 돌아가라! 내가 찬양하는 것은 흙투성이 개, 집도 없는 개, 떠도는(목적 없이 여기저기 왔다 갔다 하는) 개, 어릿광대(무대나 혹은 공공장소에서 우스운 몸짓이나 말로 사람들을 웃기는 자)의 개, 가난뱅이나 방랑객(목적 없이 떠도는 자)이나 익살꾼(일

부러 남을 웃기려고 드는 자)처럼, 그 본능(어떤 생물체가 선천적으로 가지고 있는 억누를 수 없는 감정이나 충동)이 필요에 의해, 저 지혜의 착한 어머니이며 진정한 보호자인, 필요에 의해 놀랍게 고무(힘을 내도록 격려하여 북돋움)된 그런 개다!

　내가 노래하는 것은 비참한 개들이다. 대도시의 구불구불한 급류(어떤 현상이나 사회의 급작스러운 변화를 이르는 말)에서 외로이 헤매는(갈 바를 몰라 이리저리 돌아다니는) 놈들이다. 버림받은 사나이에게 영적인(정신이나 영감을 통한) 눈을 깜박이며 '나를 당신과 함께 데려가요. 우리 둘의 불행을 합쳐 어쩌면 하나의 행복을 만들 수 있을지도 몰라요!' 하고 말하는 놈들이다."

　자크가 쓴 거랑 보들레르가 쓴 거랑 분량이 비슷하게 되었다. 전자 사전도 없이 찾고 있노라니 자크는 보들레르라는 사람이랑 자기랑 과연 같은 나라 말을 쓰는 건지 의심스러웠다. 낱말 하나 찾는 데 오 분씩 써 가면서 숙제를 하느라고 자크는 아빠가 현관문에 열쇠를 돌리는 소리도 듣지 못했다. 샤를르 에두아르 루이 오귀스트 쪽을 쳐다보면서 마지막 줄을 베끼고 있는 참이었다. '나를 당신과 함께 데려가요. 우리 둘의 불행을 합쳐 어쩌면 하나의 행복을 만들 수 있을지도 몰라요!' 자크는 이 문장을 외웠다가 이상형의 여자를 만나면 써먹기로 했다. 이 문장이 개에 관한 것이라는 얘기는 빼고.

숙제하는 아들에게 인사를 하면서 자크의 아빠가 말했다.

"너네 선생님 어떻게 되신 거 아니냐? 사 학년 애들한테 보들레르를 읽히다니! 너, 그 시에 나오는 말을 반이나 알아?"

"그러니까 숙제로 내주시는 거지. 어휘력을 길러야 한다고!"

자크는 선생님을 굉장히 좋아한다. 누구라도 선생님에 대해서 안 좋은 말을 하는 건 용납을 못한다.

"그러다가 오히려 책 읽는 게 싫어지겠다!"

"아빠, 이 시 되게 좋아! 몇 년만 있으면 내가 설명해 줄 수도 있을 거야. 아빠가 좀 철이 들면!"

아빠가 웃었다. 아들이 영재는 아니지만 꽤 똑똑하고 재능도 있다고 생각하면서 칭찬을 해 주었다.

"그래, 넌 숙제나 해라. 개 산책은 아빠가 시킬게."

"걘 레알 공원까지 가야 돼."

"말이 되는 소리를 해라! 누가 주인이고 누가 개냐?"

자크는 아무 말도 안 했다. 아빠가 돌아오기까지 삼십 분쯤 걸렸다는 것만 확인했을 뿐이다.

# 11. 법률 클럽

학교에 가기 전에 자크는 자신의 4족류를 데리고 나간다. 개들이 볼일이 급할 때는 어떻게 해 볼 수가 없다. 아빠도 알게 되었겠지만 샤를르 에두아르 루이 오귀스트는 자기 주인의 주인 노릇을 한다. 자기 자리, 항상 그 나무가 있는 데로 곧바로 직행. 자크는 자기 집에 개가 있다는 걸 누가 아는 걸 원하지 않았다. 원하는 것만 하고 살 수가 없다!

그 까탈스런 뤼씨가 너무 작아서 눈에 띄지도 않는 요크셔 새끼를 데리고 이 시간에 레알 공원에 있을 거라고 어떻게 상상할 수가 있었겠는가? 꼭 쥐새끼만 한 강아지였다.

"너도 개 키워? 난 너 개 싫어하는 줄 알았는데!"

새벽 여섯 시, 둘러댈 말이 생각나는 시간이 아니었다. 자크는 거짓말을 해 버렸다.

"우리 옆집 할머니 개야. 너무 늙으셔서 개 산책시킬 기운이 없으시거든. 이 개 봐 봐. 훈련이 얼마나 잘 돼 있는지 몰라. 항상 나무 뒤에 가서 볼일을 본다니까."

"깨끗한 개네!"

뤼씨가 웃었다.

"참, 그 바보 같은 너네 클럽은 어떻게 됐냐?"

"누가 바본지 두고 보자고!"

이렇게 말해 주고 자크는 점잖게 물러났다.

자크는 현관문에 선 채로 엄마가 내미는 책가방을 개랑 맞바꾸고 오렌지 주스를 한 잔 마시고 엄마가 입에 밀어 넣어 주는 토스트 한 쪽을 먹으면서 개가 한사코 거부하는 엘리베이터에 올라탔다. 완전 호강이었다.

티에리가 깃발 봉지를 들고 다시 자크에게 접근했다. 자크는 아무거나 하나 빼들고 읽었다.

공공장소에서 발생하는 개의 분뇨를 치우게 하는 의무 조항 (12/04/2002): 공공장소에 관한 일반법 특히 법규 L. 2512-13, 시민건강에 관한 법규 L. 1311-2, 시민건강에 관한 법규 위반에 관한 1973년 5월 21일의 법령 73-502조 특히 제3항, 1979년 11월 20일, 시의회의 건강에 관한 수칙에 의거 수정된 99-2조와 99-6조에 의거한 최종 법령

앞서 언급된 법령 99-2에 의거, 공공장소의 일부 혹은 전부에 공공장소를 더럽히거나 망가뜨릴 가능성이 있는 동물 혹은 식물로부터 파생한 찌꺼기나 오물을 투기, 방치, 유기하는 행위를 금지한다.

자크는 다시 한 번 자신이 국어를 제대로 이해한다고 말할 수 있는지 의심스러워졌다. 그럼에도 불구하고 이해는 되었다.

"진짜 흥미로운데. 그러니까 이 문제에 관한 법이 있다는 거잖아! 이제 우리는 시장을 찾아가서 왜 법이 지켜지지 않는지 물어보면 되겠네!"

"그럼 갈까?"

"어딜 가?"

"개똥에다가 이 깃발들을 꽂고 사진을 찍어야지."

"일단 다른 애들 의견도 다 들어 봐야지!"

티에리는 어깨를 으쓱했다. 민주주의적 절차 같은 건 별로 생각해 본 적이 없었던 것이다. 항상 자기가 다 결정하는 편이었으니까.

다 모이려면 급식 시간 다음 노는 시간까지 기다려야 했다.

아이디어들이 점점 불어났고 회원 전원이 각자 표어를 하나씩 내놓았다.

"시민들이여, 쓰레기통으로!"

"개똥 없는 세상에서 살고 싶다!"

"제발 치워 주세요!"

"벌금 183유로!"

"잠깐! 그거 확실한 거야?"

이 표어를 내놓은 옥타브에게 자크가 물었다.

"응, 세자르가 법규를 확인한 거야. 혹시 그담에 바뀐 거면 몰라도······."

"좋아, 계속하자."

"경고! 위험!"

"타인을 존중합시다!"

"깨끗한 파리가 좋아요!"

"개똥은 봉지에!"

티에리는 마음이 급했다.

"깃발에다 뭘 적어 넣는가는 별로 중요하지 않아. 깃발을 퍼뜨리는 게 중요한 거라고! 뭐라고 써 있나 보자고 개똥 가까이에 얼굴을 들이대는 사람이 어디 있겠냐! 시각적인 효과가 중요한 거야. 그러니까 각자 써넣고 싶은 말을 써서 깃발을 열 개씩 준비해서 색깔과 모양과 크기를 고려한 여러 가지 개똥에다가 각자 알아서 꽂는 거야."

"어, 그거 괜찮겠는데."

자크가 말했다.

이번에는 옥타브가 불만이었다.

"통일성이 있어야지!"

자크가 손을 들고 몇 발짝 걸어 나오면서 얘기했다.

"표어 정하느라고 며칠씩 시간 낭비하는 건 바보 같은 짓이잖아."

그러면서 옛날에 할아버지(샤를르 에두아르 루이 오귀스트)가 밥상머리에서 자주 하시던 말을 했다.

"얼마나 마셨느냐가 문제가 아니라 취했느냐, 안 취했느냐가 문제지."

옥타브가 다시 한 번 양보를 했고 다들 알아서 노트르담 드 르쿠브랑스 가에 열 개의 깃발을 꽂기로 했다. 학교 끝나고 나서 사진을 찍기로 했다.

뤼씨가 애들이 회의하는 근처에서 어슬렁거렸다. 후회하는 걸까? 자크는 뤼씨가 걸려서 이렇게 말했다.

"생각이 바뀌었으면 지금이라도 우리 모임에 들어와도 돼."

"그럴 일 없어! 니네 진짜 바보들 같은 거 알아?"

## 12. 남들의 클럽

 자기들이 그렇게 공을 들여서 꽂은 깃발들이 다 없어져 버린 걸 발견한 것은 옥타브였다. 도대체 누가 치웠을까? 그동안의 수고가 완전 물거품이 되어 버렸다! 이유가 뭐지? 사진이라도 찍어 둔 게 다행이었다. 티에리 아빠가 파리 시청에 아는 사람이 있는데 그 사람이 시장님과 만나게 해 줄 수 있나 보겠다고 했다!

 자크는 개들 전용 화장실에 대한 프로젝트를 진행시켜 보고 싶었다. 자크는 옥타브와 함께 욕실 용품을 파는 가게들을 둘러보기로 했다. 가서 보고 부속품들을 만드는 업체 이름을 알아볼 생각이다. WC에 관한 숙제에서 20점 만점을 받은 옥타브네 형 세자르랑 같이 그 업체들 주소를 뒤졌다. 세자르는 이 일에 발을 들여놓은 뒤부터 끊임없이 연구를 하고 틈나는 대로 이런저런 조사를 했다. '인간의 가장 충실한 벗'에게 알맞은 변기의 형태를 그려 보기도 했다.

깃발도 만들고 사진도 찍고 표어도 만들고 나니 개똥 클럽은 더 이상 무얼 시도해 봐야 할지 몰랐다. 모이기는 했지만 아무것도 의논하지 못하고 가만히 있었다. 그럴 때마다 뤼씨가 주변에서 기웃거렸다. 티에리가 또 기막힌 의견을 내놓았다. 단체 외식을 하자는 것이었다. 자기네 아빠가 별로 안 비싼 괜찮은 레스토랑을 하나 발견했는데 거기 가서 저녁을 먹고 계산할 때 1유로씩 더 내서 클럽의 회비를 모으자는 거였다.

"회비를 모아서 뭐 하게?"

술탄-파치가 물었다.

"앞으로 있을 일에 대비해서 돈을 좀 모아 놓아야 한다고."

"무슨 일이 있을 건데?"

"간식비도 필요하고, 작업 재료를 좀 살 수도 있고 진행비 같은 게 들지도 모르잖아."

"그거 괜찮은 생각인데."

벵상이 말했다.

"글쎄, 우리 엄마 아빠가 애들끼리 레스토랑에 가는 걸 허락하실지 모르겠어."

아마르가 말했다.

"설득을 해야지."

티에리가 나섰다.

"우리 엄마 아빠는 돈이 나무에 열리는 줄 아냐고 그러시는데……."

"그럼 우리 아빠더러 내 달라고 그럴게!"

티에리가 선심을 썼다. 애는 뭐든지 엄마 아빠한테 해결해 달라고 하는 버릇이 있다.

자크는 아무리 지구를 구하려는 좋은 뜻으로 한다고 해도 단체로 외식을 하는 게 이 일을 진척시키는 데 무슨 도움이 될지 확신이 서지 않았다. 게다가 이번에도, 이번 외식이 그렇게 나쁘지 않은 생각이라면서 옥타브를 설득해야 했다.

"친구들끼리 모여서 밥을 같이 먹어서 뭐가 나빠지는 법은 없잖아."

"우리가 뭐가 나빠지지 않으려고 모이냐, 뭐가 좋아지라고 모이는 거지."

"혹시 아냐, 기분 좋게 모여서 밥을 같이 먹으면 다른 좋은 아이디어가 나올지?"

"만날 티에리가 결정을 하잖아!"

옥타브가 투덜댔다.

"우리를 위해서 그러는 건데 뭐가 나쁘냐? 나머지는 다 하기 나름이야. 잘 생각해 보고 넌 이걸 어떻게 생각하는지 내일 나한테 말해."

"너, 요새 점점 이상해지는 거 알아? 정신이 어디에 가 있는지 모르겠고 전처럼 이 일에 의욕도 없고."

자크는 아직도 옥타브에게 자기 인생에 샤를르 에두아르 루이 오귀스트가 끼어들게 된 데 대해서 한마디도 하지 않았다.

"나중에 개똥 클럽 단체 회식할 때 다 말해 줄게. 지금은 당장 가서 처리할 급한 일이 있어."

자크는 그 급한 일이라는 게 '아기'를 동물 병원에 데리고 가는 일이라는 것도 말하지 않았다. 엄마 아빠가 식탁 위에 돈 봉투를 두고 가신다고 했다.

샤를르 에두아르 루이 오귀스트는 자크를 기다리고 있었다. 자크가 집에 들어서자마자 깡충거리며 달려들어 뺨을 핥아 대고 꼬리를 흔들고 야단이었다. 한쪽이 좋아한다고 항상 상대방도 좋은 건 아니다.

"이 개, 이름이 뭐지?"

아주 예쁘게 생긴 젊은 여의사가 물었다.

자크는 또박또박 정확하게 발음을 하면서 대답했다.

"암컷인데 이름이 희한하네?"

"네? 어떻게 암컷인지 알아요?"

의사는 강아지를 들어서 자크에게 보여 주었다.

"그럼 얘 이름을 바꿔야 될지도 모르겠네요?"

"샤를로트는 어때?"

의사는 샤를르 에두아르 루이 오귀스트에게 주사를 놓으면서 이런저런 이름들을 늘어놓았다. 이 '여자 강아지'는 주사가 아플 텐데도 잘도 참고 있었다.

"진짜 예쁜 녀석이네."

의사 선생님이 말씀하셨다.

"그렇게 예뻐요?"

의사는 개를 잘 기르기 위한 주의사항들이랑 사료용 크로켓 상표들, 마음을 편하게 해 주는 법 등을 가르쳐 주었다.

도대체 누구 마음을 편하게 하라는 얘긴가!

잠시 이름이 없어진 개는 자크를 나무 뒤로 데리고 갔다. 그때 바로 그 근처 벤치에서 자크는 뤼씨와 가브리엘,

마갈리, 나즈데, 조나단을 보았다. 개네들은 "나는 내가 원하는 곳에서 내가 원할 때 원하는 것을 한다"라고 플래카드에 써 넣고 있었다. 쥐새끼만 한 강아지는 뤼씨 무릎에 앉아 있었다. 자크는 친구답게 인사를 했지만 돌아온 것이라고는 비웃음뿐이었다.

나중에야 자크는 뤼씨가 개들의 자유라는 클럽을 만들었다는 얘기를 마갈리한테서 들었다.

짧은 시간 안에 자크는 꿈에도 원한 적이 없는 개를 한 마리 떠안았고 친구 하나는 적이 되었다. 자기를 지지하는 클럽이 하나, 자기를 반대하는 클럽도 하나 생겼다. 새로 책임져야 할 것들이 생겼고 여전히 피아노 숙제도 해야 했다.

## 13. 외식 클럽

애들은 크리스마스 바로 전으로 외식 날짜를 정했다. 엄마 아빠들이 애들 기분을 좀 맞춰 주려고 그랬는지 어떻게 어떻게 해서 명예 회원까지 포함해서 모든 회원들이 다 모여서 외식을 하게 되었다. 레스토랑에 들어서면서 유디뜨는 처음으로 세자르 마르티냥을 봤다. 유디뜨는 조심성 있고, 껄렁껄렁한 옷을 걸치지 않고 차림새가 단정한 편이며 코나 귀에 피어싱 같은 것도 하지 않은, 가정교육 잘 받은 이런 남자애를 좋게 생각한다. 사실대로 말하자면 세자르를 보는 순간 유디뜨는 앞으로 한순간도 자신을 평온할 수 없게 만드는 화살이 가슴을 뚫고 들어온 기분이었다. 세자르가 말하는 것도 제대로 들어 보기 전부터 그랬다! 그때 자크가 세자르에게 클럽 회원들 앞에서 화장실에 관한 발표를 해 달라고 부탁했다.

 유디뜨는 심장 뛰는 소리가 너무 커서 아무 말도 귀에 들어오지 않는 것 같았다. 가슴에 방망이가 하나 들어앉은 느낌이었다. 유디뜨는 세자르의 앞머리가 갈색 눈동자 위쪽으로 떨어지는 모양새, 말을 할 때 손을 어떻게 움직이는지, 발표를 하면서 얼마나 자신감 있는 태도를 보이는지 등등에 온통 신경이 쏠려 있었다. 유디뜨는 운좋게도 세자르 바로 오른쪽에 앉았기 때문에 개들 전용 화장실에 대한 그림을 들여다볼 수도 있었다. 애들이 많고 자리가 좁았던 탓에 세자르의 오른팔이 자꾸 유디뜨한테 닿았고 유디뜨는 전기가 찌릿찌릿 통하는 느낌이었다. 세자르는 박수를 많이 받았다. 그러나 화장실은 유디뜨에게는 그다지 관심 있는 테마가 아니었기 때문에 세자르에게 어떻게 말을 붙여야 할지 난감했다. 갑자기 좋은 생각이 떠올랐다. 유디뜨는 자크가 데리고 다니는 개가 유난히 깔끔하게 행동한다는 말을 했다.

 "뭐? 자크가 개를 기른다고?"

 옥타브가 깜짝 놀랐다.

 옥타브는 속았다는 기분에 눈물이 날 정도로 어이가 없어 자크를 똑바로 쳐다봤다. 옥타브의 눈길은 웅변보다도

강렬하게 '배신자'라고 말하고 있어서 식탁에 둘러앉은 애들 모두에게 느껴졌다.

그러나 옥타브는 입을 열지 않았다. 맛있는 쿠스쿠스가 나왔는데도 입을 꾹 다물고 먹지 않았다. 옥타브는 충격을 받아서 완전히 입맛을 잃었다. 유디뜨는 충격에 빠져서 먹고 싶은 생각 같은 건 나지 않았다. 자크는 충격에 빠져서 며칠 굶은 사람처럼 정신없이 먹어 댔다. 자크는 강박증 환자처럼 먹었다. 먹는 거 말고 다른 건 아무것도 할 수 없었다. 접시만 쳐다보며 온 신경을 접시의 내용물을 위장 속으로 옮겨 붓는 일에만 집중했다. 자크는 누나(유디뜨)를 죽여 버리고 싶었다.

그런데 옆 테이블에서 개가 짖기 시작했다.

"식당에 개를 데리고 와도 되나?"

옥타브가 세자르 형한테 물었다.

세자르가 준비한 자료에는 수많은 정보가 있었다. 세자르가 파일을 뒤지더니 종이를 한 장 꺼냈다. 세자르는 식당 주인에게 가서 거기에 써 있는 걸 큰 소리로 읽어 주었다.

"1988년 12월 23일 개들에 관한 지방자치 규정 중 일부: 제3조: 개들을 음식물을 파는 상점 및 일부 공공장소에 데리고 가는 것을 금지한다……."

"그 법 지키는 사람은 아무도 없어. 저 분들은 단골이시고 난 개 안 좋아할 이유가 하나도 없다고!"

콧수염을 기른 식당 주인이 말했다.

그러거나 말거나 클럽 아이들이 꿀을 넣은 케이크를 끝까지 먹는 데는 전혀 지장이 없었다. 그러거나 말거나 자크가 크리스마스 방학이 끝나면 실행에 들어갈 '스파이 작전'을 발표하는 데는 전혀 지장이 없었다. 그러거나 말거나 유디뜨가 세자르한테 자기 집에 와서 개들 전용 화장실에 대한 연구를 더 깊이 해 보자고 초대하는 데는 전혀 지장이 없었다. 그리고 옥타브가 가장 친한 친구한테 배신을 당했다는 느낌을 받는 데에도 전혀 지장이 없었다. 이날 저녁 모임에서 뭔가 성공한 유일한 사람은 티에리였다. 25유로의 기금을 모으는 데 성공했기 때문이다.

옥타브는 친구한테 인사도 안 하고 가 버렸다. '전' 친구라고 해야 하나?

## 14. 방학 클럽

　자크는 마음이 편치 않았다. 사실을 숨긴 게 막연히 부끄러웠고, 친구들의 미움을, 특히 제일 친한 친구의 미움을 산 게 힘들었고, 누나랑 할머니랑 개한테 화가 났다. 아니, 세상이 다 싫었다. 집에 돌아오는 길엔 고개를 푹 숙이고 걸었고 들어오는 길로 곧장 침대 속에 파묻혀 버렸다. 그러나 슬픔이 뚝뚝 떨어져 내릴 것 같은 눈망울로 자크를 쳐다보고 있는 이 녀석. 사층 계단을 뛰어 내려가 그 나무까지 걷고 시원한 공기와 어둠을 만끽한 다음 다시 사층 계단을 올라올 준비가 된 자세. 이놈의 개가 엘리베이터 타는 걸 받아들이도록 가르쳐야 할 텐데!
　자크는 화장실에 갔다. 이 개는 변함없는 사랑이 가득한 눈으로 자크를 쳐다본다. 자크는 이를 닦았다. 개는 충성

심 가득한 눈으로 자크의 몸짓 하나하나를 지켜보고 있다. 자크가 옷을 갈아입자 개는 자크가 바지와 셔츠와 러닝을 차례로 벗는 걸 애정이 가득한 눈으로 바라본다. 이 처량한 녀석은 이제 이름이 없어졌다. 샤를로뜨 에두아르다 루이즈 오귀스따*라고 불러 주지 않는 한 말이다. 최소한 이 녀석은 이제 침대에서 자면 안 된다는 건, 그리고 자크의 배 위에서 자면 더 안 된다는 건 안다. 그래서 침대 곁 바닥에 눕는가 했더니 코를 골고 있다! 이번 방학, 자크의 계획은 늦잠을 자는 것. 그리고 또 자는 거다.

뺨을 핥는 혀의 촉감 때문에 자크가 잠에서 깼을 때는 캄캄한 밤이었다. 이 자리에서 청소 작전을 수행하느냐 아니면 이 골칫덩어리를 데리고 나가느냐, 선택의 문제였다. 자크는 금방 옷을 벗은 것 같은 기분이었지만 재빨리 옷을 다시 입었다. 스웨터와 외투까지 껴입었는데도 밖에 나오자마자 몸이 얼어붙는 것 같았다. 이 추위 속에 다른 개들도 다른 사람들을 끌고 가고 있었다. 도대체 이게 뭐 하는 짓이지?

바쁠 게 하나도 없었기 때문에 자크는 가게들이 문을 열고 물건을 진열하는 것을 구경했다. 이렇게 이른 시간에

---

\* 남자 이름 끝에 e나 a를 붙이면 여자 이름이 된다.

세상이 바쁘게 움직이고 많은 사람들이 일을 하는 것을 보고는 깜짝 놀랐다. 세상은 일찍 일어나는 자의 것이라는 게, 그러니까 맞는 말인가?

어쨌든 이제 다시 침대로 기어 들어갈 수는 없었다. 방금 일어난 엄마가 시리얼 상자를 꺼내다가 애지중지하는 아들을 보고는 감탄을 했다.

"야, 방학이 좋은 거네! 콩쿠르 때 연주할 곡 오늘은 제대로 연습할 수 있겠다."

자크는 아무 말도 하지 않았다. 이 개가 벌써 "아우우우 우우우우!" 하고 대답했기 때문이다. 자기는 좋다는 뜻이다. 자크의 발치에 앉아서 이 녀석은 자크의 숟가락 놀림 하나하나를 희망이 가득한 눈으로, 뭔지 모를 것을 기대하면서 참고 보고 있었다. 다들 아침 식사를 마치고 나자 자크는 "해치울 건 빨리 해치우자"는 생각에 피아노 앞에 앉았다. 개가 따라와서 심사위원석에 앉았다. 자크는 따분한 연습곡들로 손을 좀 푼 다음 콩쿠르에 나갈 곡을 단번에 완벽하게 연주했다. 개는 이 유례없는 음악의 순간에 대해 상이라도 준다는 듯이 자크의 무릎에 머리를 얹었다. 그때 갑자기 자크는 음악을 좋아하는 이 녀석 이름을 뭐라고 해야 좋을지 알게 되었다. 이 곡의 작곡자 이름인 클라라 슈만이라고 하기로 했다.

　자크의 피아노 선생님은 항상 자크가 연습할 곡의 작곡가에 대해서 얘기를 해 주신다. 클라라 슈만은 1819년 라히프치히에서 태어났다. 아버지인 프레드리히 비크는 유명한 피아노 선생님이었으며 자기 딸을 아홉 살부터 연주회를 하는 피아노 신동으로 만들었다. 클라라 슈만은 나중에 남편이 된 로버트 슈만을 여덟 살에 만났다! (그때 로버트 슈만은 열일곱 살이었다.) 열 살에 클라라 슈만은 첫 번째 작품을 출판했다. 네 개의 폴로네즈.

　로버트 슈만은 클라라가 열여덟 살이 되자 청혼을 했다. 클라라의 아버지는 이 결혼에 반대해서 온갖 방해를 했으나 그래도 두 사람은 결혼을 했는데 결국은 억지로 헤어지게 되었고 친구들의 도움으로 겨우 소식을 주고받을 수 있었으며 클라라는 연주회 때 음악으로 메시지를 전달할 수 있었다. 그래도 아이가 여덟이나 있었던 것을 보면 두 사람이 가끔씩 만나기는 했었을 것이다. 클라라는 이 아이들 때문에 피아노 연습을 생각만큼 하지는 못했다. 클라라는 남편이 작곡한 곡을 주로 연주해서 남편을 유명하게 만들었다. 클라라 슈만은 샤를르 에두아르 루이 오귀스트에게 값진 이름이 될 것이다.

피아노도 해치우고 잠도 달아나자 하루가 이제 겨우 시작인데도 불구하고 자크는 슬슬 심심해지기 시작했다. 당연히 옥타브 생각이 났고 전화를 걸고 싶어졌지만 옥타브가 안 받을까 봐 겁이 났다. 자기만 졸졸 따라다니는 클라라 슈만을 보자 자크는 이 녀석이 바로 옥타브한테 절교를 당한 원인이라는 생각에 또다시 미움이 솟아났다. 클라라 슈만은 여전히 "넌 왜 날 안 좋아하니?" 하는 눈길로 뚫어져라 쳐다보고 있었다.

자크는 말없이 이렇게 대답했다.

"야, 어떻게 다 좋아할 수가 있겠냐고!"

개를 그대로 내버려두고 자크는 책상에 앉아 새 종이를 하나 꺼내서 친구에게 편지를 썼다.

옥타브에게

내가 점점 이상해진다는 네 말, 맞았어. 부끄러웠어. 우리의 적인 개를 키우는 게 부끄러웠어. 우리가 그렇게 싫어하는 개들과 똑같은 개를 말이야.

자크는 자기 집에 개가 생기게 된 때부터 시작해서 개가 처치곤란이라는 것과 새로운 일거리를 떠맡게 된 사정까지 자세히 써 내려갔다.

너한테 말을 할 수가 없더라. 아침마다 학교에 갈 때는 너한테 말해야지, 하고 나가는데 그게 안 되더라고. 이제야 말을 한다. 근데 말할 게 더 있는데 뭐냐면, 개 주인은 미워해도 되는데 개는 아닌 거 같아. 난 빨리 우리 샤를르 에두아르 루이 오귀스트, 아니 이제부터 클라라 슈만이라고 부르기로 했는데, 여튼 우리 개를 너한테 소개해 주고 싶어. 얘를 우리가 이혼한 부부들처럼 나눠서 기르는 건 어떨까 생각도 해 봤어. 주중에는 네가 주말에는 내가. 그럴래?

날 용서해 줬으면 좋겠다. 난 개와 너 중에 하나만 고르라면 너를 고를 거니까. 근데 우리 개 진짜 괜찮다는 걸 네가 알아줬으면 좋겠다.

당장 전화해. 너랑 싸우니까 사는 게 힘들다.

영원한 너의 친구, 자크

자크는 개를 두 팔로 안고 엘리베이터에 탔다. 개는 낑낑거리더니 자크가 "괜찮아, 안 무서워" 하고 말해 주자 곧 잠잠해졌다.

둘은 옥타브네 아파트 쪽으로 뛰어갔다. 아파트 입구에서 세자르랑 부딪혔다.

"어! 너네 집에 가는 중인데! 너네 누나가 점심 먹으러 오래."

"형 동생도 데리고 오지 그랬어?"

"내 동생은 이제 너랑 친구 안 한다던데."

자크는 서둘러 편지를 마르티냥 씨네 집 현관문 밑으로 밀어 넣었다.

# 15. 친구들 클럽

피아노 연습과 클라라 슈만 산책 사이를 오가며 방학을 지겹디지겹게 며칠 보내고 나니 자크는 딱 죽고 싶은 심정이었다. 세자르는 문 닫힌 유디뜨 방에 아예 뿌리를 내린 것 같았다. 엄마 아빠는 일하러 나가시고 자크는 집 안에서 빙빙 돌고 있었다.

전화벨이 울리자 자크는 뭔가 움직여서 반응을 보여야 하는 일이 생긴 것이 기뻤다.

"안녕, 나, 옥타브야."

"옥타브!"

"우리 형 거기 있어?"

"응."

"바꿔 줄래?"

"너, 나랑 우리 개 반씩 나눠서 키울 거야?"

"아니!"

"너, 나랑 다시 친구할 거야?"

"응."

"휴! 살았다. 빨리 와! 클럽 땜에 할 일이 있어. 티에리가 스키 간 사이에 하자. 너네 형 바꿔 줄까?"

"아니, 꼭 안 바꿔도 돼."

"그럼 왜 전화했냐?"

"네 목소리 들으려고."

자크는 안다. 우정이랑 사랑이랑 같은 거라는 걸. 친구 없이는 살 수 없는 거다.

엄마 아빠가 안 계시는 동안 세자르가 계속 와 있고 옥타브와 자크는 같이 점심을 준비했다. 산더미 같은 토마토 소스에 치즈가루를 곁들인 엄청나게 많은 파스타. 세상에 이보다 더 맛있는 게 또 있을까!

점심을 먹으면서 자크가, 절망에 빠졌던 어느 날 떠오른 아이디어라면서 특공작전 계획을 발표했다.

"둘씩 하는 거야? 혼자 하는 거야?"

옥타브가 물었다.

"당장 실험을 해 보자. 개학하기 전에 해 봐야 애들한테 어떻게 하라고 말하지."

자크와 옥타브는 점심을 먹고 나서 바로 함께 임무 수행에 들어갔다. 옥타브가 클라라 슈만의 끈을 잡았다. 옥타브는 클라라 슈만에 마음이 끌렸지만 클라라 슈만은 오로지 자크만 쳐다볼 뿐이었다. 그러면서도 옥타브가 관심을 보이는 것 정도는 받아 주었다.

두 친구와 그들의 개는 삽과 비닐봉지를 챙겨 가지고 어떤 남자가 개를 데리고 어슬렁거리고 있는 곳에 도착했다. 개는 범법 행위를 저지르고 주인은 아무것도 못 보았다는 듯이 고개를 돌렸다. 그리고 나더니 개는 네 발로 걸어서 주인을 따라가 버렸다. 빨리, 빨리, 개똥을 얼른 비닐봉지에 담고 자크 일행은 그 남자와 개를 쫓아갔다. 부티 나는 그럴듯한 아파트였다. 남자는 열쇠로 문을 열고 들어갔다. 번호 키가 있는 문이었다. 자크와 옥타브는 추위에 떨면서 이리저리 숫자와 문자를 조합해서 눌러 보았지만 비밀 번호를 알아낼 수가 없었다. 초라한 스파이들 같았다! 클라라 슈만이 짖기 시작했다.

어떤 아주머니가 장바구니를 들고 와서 문을 열었다. 아이들은 재빨리 따라 들어갔다.

"누구네 집에 온 거지?"

아주머니는 아이들을 내려다보며 딱딱하게 물었다.
"개를 데리고 들어간 어떤 아저씨가 잊어버리고 간 게 있어요. 우리가 돌려 드리려고요."
"아, 콩시나 씨 말이구나. 사층 오른쪽 집이다."
그제야 아주머니 목소리가 부드러워졌다.
"감사합니다."
아이들은 경중경중 계단을 올라 초인종을 눌렀다.
남자는 문을 열면서 이렇게 말했다.
"뭐지?"
"콩시나 씨 되시나요?"
"그런데."
"빅투아르 광장에서 잊어버리고 가신 게 있어서요."
"오, 고맙구나. 너네 개 참 잘생겼네."
자크가 봉지를 남자에게 내밀자마자 정의의 수호자들은 쏜살같이 계단을 달려 내려갔다. 첫 번째 임무 완수 성공!
용기가 생긴 아이들은 다시 빅투아르 광장으로 갔다. 한산한 시간이었다. 이윽고 한 남자가 나타났다. 검정색 가죽옷을 입고 여기저기 피어싱을 한 험상궂은 까까머리였다. 엄청나게 큰, 한 백 킬로는 나갈 것 같은 몰로스가 남자를 끌고 가고 있었다. 까까머리는 개에게 외국어로 말을 하고 있었다. 옥타브는 그게 전에 엄마 아빠랑 뮌헨에 갔을 때 들어 본 말이라는 걸 알았다. 이 위협적이고 아마도 위험할 것 같은 남자의 얼굴에는 웃음기가 전혀 없었다. 골려 줄 마음이 나게 만드는 사람이 아니었다. 불장난은 위험하다. 옥타브와 자크 둘이 합쳐도 그 남자의 반도 안 될 것 같았다. 옥타브가 자크를 쳐다보면서 소곤거렸다.

"어떡하지?"

자크는 어깨를 으쓱해 보이고는 선언했다.

"우린 그냥 할 일을 계속하는 거야."

그 힘도 좋은 덩치 큰 개는 사람들이 다니는 길 한복판에 똥도 거물급으로 쌌다. 이제 특공대는 어떻게 한단 말인가. 이 기록적인 똥을 증언해야 하는데. 분노가 치미는 것을 느끼며 아이들은 지켜만 보고 있었다. 도대체 이걸 어떻게 치우고 저 깡패 같은 사람을 어떻게 따라간단 말인가?

그때였다. 그 까까머리 건달이 점퍼 주머니에서 비닐봉지를 꺼내고 반대편 주머니에서 조그만 삽을 꺼내더니 허리를 구부려서 개똥을 담아서 얌전히 가지고 가는 것이었다. 그뿐 아니었다. 향기 나는 스프레이를 꺼내서 길거리에 뿌리고 나서야 그 괴물 같은 개를 데리고 사라졌다.

이렇게 훌륭한 사람이 있다는 것에 깜짝 놀란 옥타브와 자크는 하던 일을 계속했다. 자기 집 현관에서 개똥을 돌려받은 개 주인들은 어안이 벙벙해졌다. 이제 날이 깜깜해졌다. 그러나 특공대는 마지막으로 한 집만 더 들르고 그만둘 작정이었다. 문을 열어 주는 할머니를 따라 나온 발바리는 주인과 똑같은 외투를 입고 있어서 일종의 쌍둥이처럼 보였다. 발바리는 딱딱하고 동글동글한 구슬 같은 똥을 싸서 봉지에 담아 오기도 쉬웠다. 토사물같이 끈적끈적해서 바닥에서 떼어 내기가 아주 힘들었던 바로 그 전 똥에 비하면 발바리의 똥은 똥 중에 아주 예쁜 똥이었다. 게다가 발바리는 "미미! 이리 와"라고 끊임없이 부르는 주인을 따라서 발걸음을 질질 끌며 어렵사리 걸었다.

잃어버린 물건 찾아 주기 작전은 잘 맞아 들어갔다. 그 할머니의 귀여운 미미는 겨우겨우 걸어가고 있었기 때문에 따라가는 데 힘이 들 일이 없었다.

아파트 문에서 어떤 남자가 기다리고 있었다. 그 남자가 할머니에게 이렇게 말하는 게 들렸다.

"오, 선생님, 감사합니다. 기다리시게 해서 죄송해요. 보시다시피 이 녀석 안 되겠어요."

아이들은 당장 들어갈 엄두를 내지 못했다. 의사가 다시 나오기를 기다렸다가 문이 열릴 때 들어갔다. 몇 층인지는 밖에서 불이 켜지는 걸 보아 두었기 때문에 알고 있었다. 아이들이 초인종을 누르자 눈물범벅이 된 할머니가 문을 열었다.

"할머니, 비비엔느 거리에서 이걸 잊어버리고 가셨어요."

할머니는 개똥이 담긴 봉지를 흘깃 보더니 눈물을 펑펑 쏟으며 울었다.

"아아, 착한 아이들이구나. 고맙다, 너무너무 고맙다. 들어오렴!"

할머니는 아이들을 멋진 아파트 안쪽으로 떠밀어 넣었다. 할머니는 울면서 말했다.

"이게 녀석의 마지막 똥이란 말이지! 너네들에게 어떻게 감사를 해야 할지 모르겠구나. 악성종양이었어. 암 같은 거. 얼마나 고통스러워하던지! 의사 선생님이 오셔서 주사를 놔 주셨단다. 조금 있다가 다시 오셔서 녀석을 데려가실 거야. 좀 앉아라. 마침 잘 왔다. 녀석이랑 둘이만 있기 싫었는데."

자크는 어떻게 해야 할머니가 울음을 그칠지 알 수가 없었다. 일단 개가 몇 살인지 물어보기로 했다.

"한 달만 있으면 열여섯 살이 될 거였단다."

"걘 이렇게 멋진 집에서 할머니랑 행복하게 살았겠네요."

자크가 말했다.

"행운이었다고 생각했을 거예요."

옥타브가 말했다.

"죽었다는 것만 빼면!"

"운이 나빴던 거죠, 뭐."

자크가 말했다.

"운명이죠, 뭐."

옥타브가 말했다.

"그래, 우리도 다 그렇게 되겠지."

할머니는 눈물을 더 많이 쏟았다.

"유일한 방법은 살 수 있는 만큼 사는 거예요."

자크가 경험 많은 늙은이처럼 말했다.

할머니는 나쁜 꿈에서 깨어난 사람처럼 화들짝 놀랐다.

"아, 네 말이 맞다!"

그러더니 할머니는 일어나서 자크가 한 번도 먹어 본 적이 없는 아주 고급 초콜릿을 가지고 왔다.

"너네 개, 참 귀엽구나. 이름이 뭐지?"

"클라라 슈만이오."

"굉장한 이름이구나! 굉장한 음악이야!"

또다시 초인종이 울렸다.

"의사 선생님이야. 너희들도 있어도 돼."

"우린 가야 돼요. 부모님께서 걱정하실 거예요."

"그래, 가 보아라. 이담에 클라라 슈만이랑 같이 놀러오고. 이거 가지고 가렴."

할머니는 자크의 손에는 미미의 털외투를 옥타브의 손에는 초콜릿 상자를 들려 주었다.

"아니에요! 이런 거 받으면 안 돼요."

"아냐, 괜찮아! 받아야 돼. 너희들은 내게 엄청나게 도움이 되었는데 이런 조그만 선물을 사양하면 안 되지."

클라라 슈만은 할머니가 털옷을 입히는데 바비인형이라도 된 듯이 가만히 있었다.

자크는 이제 그냥 개가 아니라 털옷까지 입은 웃기는 개를 데리고 다니는 애가 되었다.

옥타브는 죽음의 슬픔으로부터 스스로를 위로해 주기 위해 초콜릿에 달려들었다.

## 16. 눈물 클럽

 자크과 옥타브는 각자 자기 집으로 돌아갔다. 옥타브는 초콜릿을 가지고 자크는 호사스런 털옷을 가지고. 자크가 엘리베이터에서 내리는데 엉엉 우는 소리가 들렸다.
 유디뜨가 마치 한 대 얻어맞은 사람처럼 거실 소파에 쓰러져 있었다. 너무 울어서 벌겋게 퉁퉁 부은 얼굴로 눈물 바다를 만들고 있었다. 자크는 미처 클라라 슈만의 외투를 벗길 시간도 없이 누나 곁으로 다가가 무릎을 꿇고 들여다보았다.
 "왜 그래? 무슨 일이야?"
 자크는 엄마 아빠가 이 시간까지 들어오시지 않은 게 이상하게 생각되었다. 곧바로 최악의 사태가 떠올랐다.
 유디뜨는 학교 공부 모든 과목은 물론이고 첼로에서 발

레까지 하는 것마다 뭐든지 성공하는 완벽한 여자애다. 하지만 유디뜨는 지독한 누나—다른 표현법이 없다—다.

　유디뜨는 엄마 아빠의 관심을 독점하고 있던 자기에게 방해가 되는 남동생이 생긴 것을 받아들인 적이 없었다. 자기만 쳐다보는 엄마 아빠 사이에 조용히 잘 살고 있는데 갑자기 보채고 젖 달라고 울어 대는 귀찮은 아기가 생긴 것이다. 엄마 아빠는 자기가 독차지해야 했는데 말이다.

　유디뜨는 자크가 아무 잘못이 없다는 걸 인정할 수가 없었다. 자크는 아무것도 요구한 적이 없었다. 물론 모든 동생들이 그렇듯이 같은 집에 살면서 계속 귀찮게 하고 부모의 관심을 끌기 위해서 끊임없이 경쟁해야 하는 건 어쩔 수 없는 일이었다.

　그러나 이상한 건, 자기를 종종 못살게 구는데도 불구하고 자크는 누나를 거의 우러러본다는 사실이다. 자크는 누나가 뺨에 뽀뽀를 한 번만 해 준다고 하면 간도 쓸개도 다 내줄 것 같았다. 수영 대회에서 우승을 했을 때도 피아노 콩쿠르에서 그렇게 여러 번 상을 받았어도 누나는 거드름만 피우고 동생이 그렇게 기대하는 뽀뽀를 한 번도 해 주지 않았다.

　"누나, 왜 그래? 무슨 일이냐고?"

자크의 물음에 유디뜨는 눈물을 더 많이 쏟았다.

자크는 진짜로 겁이 났다. 클라라 슈만은 안절부절못했다. 유디뜨는 엉엉 소리 내어 울었다.

"누나! 말을 해야 알지! 할머니한테 무슨 나쁜 일이라도 생긴 거야?"

유디뜨는 발작을 잠시 멈추고 이렇게 말했다.

"아니야! 할머니는 지중해 여행 가셨잖아."

"그럼, 엄마 아빠는? 왜 아직도 안 들어오시는 건데?"

유디뜨는 눈물을 닦고 코를 풀고 나서도 울음을 못 그치고 말을 뚝뚝 끊어 가며 대답했다.

"전……화…… 왔었어. 장보……러 갔다…… 오신……대……. 오늘……은…… 밤……늦게까……지…… 여는…… 날이잖아……. 우……리……끼리…… 저녁…… 먹으래."

"근데 누나는 왜 그러는 거야?"

자크는 부드럽게 물었다.

"세자르 때문에!"

"어? 세자르 형이 사고 났어? 형 어디 있는데?"

"세자르가 날 찼다고!"

유디뜨가 울부짖었다.

104

유디뜨는 또다시 펑펑 울기 시작했다.

자크는 이해할 수는 없었지만 누나가 그렇게 아파하는 것을 보고 달래는 투로 말했다.

"내가 저녁 준비할게. 저녁 먹고 나면 누나 기분이 좀 나아질 거야."

실연의 슬픔 속에서도 유디뜨는 배가 고팠다. 자크가 특기인 강낭콩 파스타를 준비하는 동안 유디뜨는 차츰 진정이 되었다. 자크는 파스타가 익는 동안 누나에게 휴지를 가져다주었다.

식탁에 같이 앉자 자크는 누나를 건드려서는 안 된다는 걸 알았다. 누나가 드라마를 털어놓을 때까지 기다렸다. 유디뜨는 결국 먹기 시작했고 동생을 쳐다보면서 한숨을 쉬었다.

"세자르가 그냥 가 버렸어. 말 한마디 없이! 잘 있으라는 인사도 안 하고 갔다고."

"아니, 왜?"

"내가 그놈의 개똥이랑 개 전용 화장실 같은 거 지겨워 죽겠다 그랬거든."

"누나가 전에는 형한테 그거 관심 있다 그랬잖아……."

"걔한테 관심이 있었던 거지, 난 개한테 관심이 있다

고!!"

"지금은 형이 그 문제에 빠져 있잖아. 세자르 형 괜찮은 사람인데."

유디뜨는 다시 훌쩍거리기 시작했다.

"나…… 나도 알아."

자크는 누나 곁으로 가서 누나한테 팔을 둘렀다.

"누나도 내일 세자르 형한테 편지 보내. 나도 옥타브한테 그랬어. 그냥 좀 지겨웠었다고, 기분이 안 좋은 날이라서 그랬다고 말하면 되잖아."

유디뜨는 동생을 쳐다봤다. 태어날 때부터 줄곧 깔보아 왔던 아이였다. 충격이 느껴졌다. 유디뜨는 동생이 자신의 친구이며 동지라는 걸 즉각적으로 알아차렸다. 지금까지 살면서 누나가 자기한테 한 모든 짓에도 불구하고 자크는 항상 언젠가는 누나가 자기를 좋아하기를 바라 왔다. 그런데 오늘이 그 언젠가다. 유디뜨에게는 그동안 공기처럼 여기고 살아 왔던 미움의 안개가 걷히면서 자크를 난생 처음으로 보는 것 같았다. 유디뜨는 처음 자크와 방을 따로 쓰게 되었을 때 자크가 곁에 없어서 섭섭할 수 있다는 생각은 해 본 적이 없었다. 그런데 자크가 없어서 안 좋을 때가 있었다. 어떤 때는 자기 방에 혼자 있으면 무섭기도 했다.

유디뜨는 애인을 잃었는지 모르지만 동생을 얻었다는 기분이 들었다. 비참한 일이 일어났지만 그렇게 불행한 느낌은 아니었다.

"편지 쓰는 거, 네가 도와줄래?"

"당근이지. 말만 해!"

바로 그때, 자크가 그토록 오랫동안 기다려 왔던 일이 일어났다. 누나가 왼쪽 뺨에 뽀뽀를 해 준 것이다. 자크는 절대 세수를 하지 않아야겠다고 결심했다.

바로 그때 엄마 아빠가 거실로 들어오면서 항상 으르렁대던 오누이가 드디어 휴전을 하는 것을 목격했다. 엄마 아빠한테는 가장 멋진 연말 선물이었다.

## 17. 반대파 클럽

느긋한 방학의 리듬을 깨고 개학의 스트레스를 맞이하는 것은 결코 기분이 좋을 수가 없는 일이다. 빨리, 빨리, 세수하고, 옷 갈아입고, 클라라 슈만 산책시키고, 빈둥거리는 건 사치다. 빨리, 빨리, 확인하고, 나가고, 참고, 시키는 대로, 작문하고, 외우고, 듣고, 이해하려고 노력하고, 지겨워한다. 그러나 빨리, 빨리, 결국은 리듬을 익히고 또다시 적응을 하게 된다. 처음이 힘들 뿐이다. '인간'이란 환경에 적응하는 유연한 존재이니까. 빨리, 빨리, 이제 방학은 희미한 옛 추억일 뿐이다.

빨리, 빨리, 자크와 옥타브도 이 〈개똥 특공대〉 이야기를 애들에게 해 주었다. 빨리, 빨리 다른 애들도 착수를 했지만 그렇게 쉬운 일은 아니었다. 뤼씨는 계속 클럽 주변을 어슬렁대면서 모든 얘기를 다 들었다. 개똥 클럽에 들지 않은 아이들과 쑥덕거리기도 했다.

클럽 애들은 1월과 2월에 개똥 반대 캠페인을 계속했다. 개똥에다가 깃발을 꽂고, 개똥 안 치우는 개 주인들을 집에까지 쫓아가서 길에다 두고 온 걸 전해 주고, 자주 모여서 어려움을 토로했다. 티에리는 계속해서 애들이 하는 모든 일에 최신 장비를 동원했고 개들은 세상에서 가장 아름다운 이 도시의 길거리에 똥 싸기를 계속했다.

차갑고 신선한 겨울 공기를 가르며 어느 날 아침 술탄-파치가 부르짖었다.

"내 눈으로 봤어!"

"누굴?"

자크가 물었다.

"뤼씨 패거리들! 우리가 꽂아 놓은 새 깃발들을 개네들이 뽑아 버렸다고!"

"말도 안 돼!"

자크가 소리쳤다.

"진짜라니까."

학교가 파하고 나서 자크, 옥타브, 술탄-파치는 뤼씨를 따라갔다. 그들은 뤼씨가 개똥이 아니라 개똥에서 깃발을 치우는 현장을 덮쳤다.

"왜 그러는 건데? 넌 왜 우리가 좋은 일 하는 걸 망치는 건데?"

자크가 물었다.

"내가 왜 너한테 대답을 해야 되는데? 난 내가 하고 싶은 일을 해. 개들도 마찬가지라고."

그다음 날, 개들의 자유를 위한 클럽 아이들은 노는 시간에 전단지를 나눠 주었다. 우리와 함께 합시다. 우리는 자유를 위한 클럽입니다. 우리는 개끈을 반대합니다. 개들이 맘대로 살게 해 줍시다. 가브리엘, 마갈리, 나즈데 그리고 조나단이 별 확신 없이 전단지를 나눠 주었다. 그러나 개네들은 뤼씨 말은 듣는 게 좋다는 걸 알고 있었다.

사건의 전모를 거의 다 알고 있는 선생님은 수업의 끝 무렵, '개와 늑대 사이'라는 라퐁텐의 우화를 한 편 읽어 주셨다. 그러고는 개가 되고 싶은지 늑대가 되고 싶은지 생각해 오라는 숙제를 내 주셨다.

자크는 이 숙제가 재미있다고 생각했다. 클라라 슈만을 데리고 나가면서 생각했다. 집에서 기르는 개와 야생 늑대 사이에서는 망설일 필요가 없었다. 자크는 자연을 좋아하지 않는다. 문화(피아노는 빼고!)와 진보와 법 질서와 사람들이 함께 사는 일이 가능하도록 만드는 정치를 포함하는 문명이라는 것을 좋아한다. 이제는 이 녀석, 클라라 슈만을 좋아하게 되었으니 개가 되어야겠다.

자크는 아직도 세자르 때문에 우울해하고 있는 누나에게 이 숙제 이야기를 했다. 유디뜨는 동생이 편지 쓰는 걸 도와주겠다는 걸 받아들이지 않았다. 하지만 그 편지를 가져다준 것은 자크였다. 매일같이 하루에 세 번씩 유디뜨는 같은 질문을 한다.

"너, 그 편지 확실하게 세자르한테 전한 거야?"

매번 자크는 똑같이 대답한다.

"세자르 형한테 직접 전달했다니까."

그리고 나서 이렇게 덧붙인다.

"기다려 봐, 형이 답장할 거야."

유디뜨는 자크와 반대다. 늑대가 되고 싶다고 했다.

"그럼 먹잇감을 사냥할 거야? 사냥꾼한테 잡혀서 죽으면? 사람들이 쓰다듬어 주는 게 좋지 않아?"

동생이 물었다.

유디뜨는 쓰다듬는 손길을 떠올렸다. 도대체 누가 늑대를 쓰다듬어 줄 것인가? 그러나 유디뜨는 생각을 밀고 나간다.

"바보 같은 주인도 없고, 복종할 필요도 없고, 하고 싶은 대로 할 수 있잖아. 묶여 있지도 않고, 훈련을 받지도 않아. 삶은 모험이라고!"

"꼭 뤼씨가 말하는 거 같네!"

"그렇지만 개는 개고, 늑대는 늑대고, 사람은 사람이야!"

"그게 무슨 말인데?"

유디뜨는 세자르에게 보내려고 썼던 편지 초안을 꺼내서 자크에게 내민다. 자크는 큰 소리로 읽었다.

세자르에게

내가 개들 전용 화장실 때문에 지겨워 죽겠다고 말해서 네 마음을 상하게 했을까 봐 겁이 나. 내가 하고 싶은 말은 정확하게 그건 아니었어. 내가 하고 싶었던 말은, 처음부터, 네가 관심 있는 일에 나도 관심이 있긴 하지만 개들 전용 화장실을 만든다는 생각이 내겐 불편했다는 거야. 너한테 한 번도 얘기한 적은 없지만 내 친구 중에 개를 키우는 애가 있는데 걔는 자기 개를 우리 같은 사람이라고 생각해. 개한테 말을 하고 개가 대답한다고 생각하고, 개한테 영성체를 받게 해 주려고 신부님을 찾아가기도 하는 애야. 다행히도 신부님은 정상적인 분이셔서 거절을 하셨지만 말이야. 걘 육 개월에 한 번씩 사진관에 개를 데리고 가서 사진을 찍어 줘. 개 방은 온통 개 사진으로 도배가 되어 있고.

무슨 말인지 알겠니, 세자르, 미치는 건 한순간이라고. 너무 멀리 가 버릴 수 있다는 말이야. 개를 키우는 사람들에게 주의를 주는 건 좋은 일이라고 생각해. 개똥을 길거리에 놔두는 건 좋은 시민이 아니니까. 그게 나쁜 짓이고 범죄 행위라는 것 전적으로 동감이야. 법이 있으니까. 그렇지만 거기서부터 시작해서 개들 전용 화장실을 만든다는 건, 좀, 여튼 난 편치가 않아.

너한테 상처를 줬다면 미안해. 네가 많은 걸 투자한 일이라는 건 알아. 그렇지만 난 네가 시간을 버린 거라곤 생각지 않아. 제조업체 사람들을 만나는 것도 배웠고 한 가지 문제에 온통 집중해서 살았으니까 난 언젠가는 네가 진짜로 유용한 뭔가를 만들어 내는 위대한 발명가가 될 거라고 믿어.

난 네가 우리 동생들이 미친 짓 하는 데 너무 깊이 말려들었다고 생각해. 뭐, 역사에 남은 위인들이 다 한때는 아무도 안 믿어 주는 미친 짓을 했다는 건 알아. 하지만 그들이 결국은 인간의 삶을 나아지게 만든 거지, 개들의 삶을 나아지게 만든 건 아니잖아.

그리고 …… 음 …… 네가 보고 싶어.

유디뜨가

자크는 화가 나는 건지 누나에 대한 존경심이 마구마구 일어나는 건지 자기 마음을 알 수가 없었다. 그래도 자신이 누나에게 설득당하지 않았다는 것만은 알 수 있었다. 개와 늑대 중에서 자크는 아직도 개가 좋았다. 물론 자크도 자유롭고 싶었다. 그러나 자크는 법이 없이는 자유도 없다는 걸 알고 있었다.

## 18. 죽음 클럽

자크는 클라라 슈만이 없는 삶을 기억할 수조차 없게 되어 버렸다. 개는 이제 곧 여섯 달이 되는데 몸무게가 거의 자크만큼이나 나가는 거대한 귀염둥이 아기였다. 자크가 학교에서 돌아오면 클라라 슈만의 꼬리는 바람개비가 되었다. 이 세상 어느 누구도 이 개만큼 자기를 반겨 준 적은 없었다. 그게 이상하게도 기분이 좋았다. 피아노 칠 때 클라라 슈만이 곁에 있어 주는 것도 마음에 들었다. 왜냐하면 개를 위해서 피아노를 치는 건 벽을 위해서나 싫어하는 이웃 사람들을 위해서 치는 것보다는 쓸모 있는 일이라는 느낌이 들었기 때문이다. 특히 개는 엄마처럼 재촉하지 않고 기다려 주는데 그건 단순히 개가 음악을 좋아하기 때문이다. 진짜다. 이 개는 음악애호가다.

그러나 발바리 미미가 죽고 난 다음부터는 자크는 개가 그렇게 오래 사는 게 아니라는 걸 알고 있다. 그리고 언젠가는 이 좋은 친구가 없어질 거라는 생각에 가슴이 꼬집는 것처럼 아팠다.

"좋아, 즐길 수 있는 만큼 즐기자고!"

개는 자크의 삶에 볼 만한 변화를 일으켰다. 그런데 그중에서도 가장 대단한 것은 유디뜨의 태도가 바뀌었다는 점이다. 동생을 대하는 태도에 증오감이 얼마나 줄어들었는지 자크는 누나를 못 알아볼 지경이었다. 개가 유디뜨를 진정시켜 놓은 것 같았다.

개 덕분에 또 자크는 개똥 작전 수행차 길거리에 나갔다가 많은 사람들을 사귀고 이야기를 나누게 되었다. 아침 일찍 산책하는 거랑 저녁의 차가운 공기를 마시며 돌아다니는 걸 좋아하게 되었다. 학교에서도 비는 시간에는 하루 종일 자기만 기다리고 있는 클라라 슈만 생각을 하는 게 좋았다. 엄마까지도 이 개를 싫어하지 않게 되었다. 녀석은 정말 착하고 귀엽기 때문이다. 클라라 슈만은 현관에 신발이 흩어져 있는 걸 보면 정리해 놓는다. 오른쪽 왼쪽 잘 맞춰서. 옛날에 잃어버렸던 퍼즐 조각도 찾아왔다. 그뿐 아니다. 자크가 침대 정리하는 것도 도와준다!

그래서 자크는 뤼씨가 〈개들에게 자유를〉이라는 표어를 내걸고 다니는 걸 보면 완전히 적대적인 감정이 들지 않는다. 자크는 자기 개를 사람처럼 생각하기 시작했다. 다행히 옥타브가 곁에 있어서 그들의 클럽 목적이 뭔지 일깨워 준다.

3월의 어느 토요일 아침, 선생님은 뤼씨가 요청한 개들의 행진을 받아들였다. 잔뜩 흐린 하늘에서 장대비가 쏟아지던 날이었다. 비오는 날이면 개똥은 단순히 개똥을 넘어선다. 끈적끈적한 밤색 물질들의 홍수가 일어난다! 클라라 슈만은 비가 오면 좀 이상하다. 자크는 개끈을 당겼다 풀었다 하면서 개를 달랬다. 뤼씨의 요크셔는 주인의 원칙대로 끈을 매지 않고 있었다. 뤼씨는 자기 개한테 크리스마스 트리 장식처럼 알록달록하게 여기저기 리본을 매어 놓았다. 자크는 자기 클럽에서 유일하게 개를 기르는 회원이다. 그러나 반대편 클럽 회원들은 전부 다 학교에 가까이 갈수록 짖어 대는 개들을 데리고 왔다. 끈이 없는 이 개들은 아무 데로나 갔다. 학교만 빼고.

가브리엘, 마갈리, 나즈데, 조나단은 운동장으로 데리고 들어오려고 개를 팔에 안았다. 얘네들은 개를 끈으로 묶을 필요가 없다는 걸 보여 주려고 작정을 하고 있었다. 뤼씨의 개 스위티는 보레가르 중학교의 육중한 문 뒤에 갇힌다는 생각에 여전히 머뭇머뭇하면서 주인 곁에서 발걸음을 질질 끌고 있었다. 갑자기 하늘이 부서질 것처럼 끔찍한 천둥 소리가 났다. 아이들은 겁이 났다. 어른들도 겁이 났다. 그런데 스위티가 완전히 미쳐 버렸나 보다. 번개처럼 튀어서 길 한복판으로 달아났다. 뤼씨는 소리를 지르고 울고 난리를 치면서 뛰어갔다. 그러나 트럭이 더 먼저 도착했다. 이제 개는 더 이상 무섭지도 배고프지도 춥지도 않고 아무것도 느낄 수 없게 되었다. 더 이상 살아 있는 게 아니니까. 뤼씨가 거두어 갈 수 있는 몸뚱이조차도 남지 않았다.

애들이 하도 졸라서 받아들이기는 했지만 이 개들의 행진을 내키지 않아 했던 선생님은 안절부절 어쩔 줄을 몰랐다. 자크는 알았다. 자크는 클라라 슈만의 끈을 옥타브에게 넘겨주고 곧장 길 한복판으로 가서 두 팔로 뤼씨를 감싸안았다.

'뭣도 모르고 잘난 척하더니 꼴좋다. 개똥 클럽 애들한테 못되게 굴더니 벌을 받은 거라고.'

자크는 다른 애들이 속으로 생각하는 말을 뤼씨에게 하지 않았다.

자크는 뤼씨를 선생님에게로 데리고 가서 걔네 부모님께 전화를 해 달라고 부탁드렸다. 말은 한 마디도 안 했지만 계속해서 뤼씨 어깨에 팔을 두르고 걔를 진정시키려고 애를 썼다. 뤼씨의 울음소리가 커질 대로 커졌다가 점점 줄어들었다. 뤼씨는 자크의 가슴에 얼굴을 파묻고 울었다.

둘은 뤼씨의 부모님이 도착할 때까지 계속 그 자세로 있었다. 뤼씨의 엄마는 모두가 소리 죽여 생각하던 것을 소리 높여 외쳤다.

"내가 개끈을 묶어야 된다고 골백번도 더 말했지! 다시는 강아지 사 주나 봐! 어림도 없어!"

슬픔에 빠져 있는 애한테 수치심을 주다니, 자크한테는 충격이었다. 뤼씨의 부모님은 딸을 떼어 내서 데리고 갔다.

선생님은 개를 데리고 온 아이들에게 얼른 집에 데려다 놓으라고 하셨다. 그래서 클라라 슈만의 학교생활은 아주 짧게 끝났다. 그래도 클라라 슈만은 좋아했다. 이 개의 철학은 핥아 줄 사람이 많으면 많을수록 즐거워진다고 생각하는 것이기 때문이다.

엉엉 우는 여자애 하나를 보내고 나서 자크는 눈물을 흘리는 또 다른 여자애와 맞닥뜨렸다. 유디뜨는 동생이 들어오는 걸 보고 얼른 눈물을 훔쳤다.

"너, 학교에 안 갔어?"

유디뜨가 자크에게 야단치는 말투로 물었다.

자크는 학교에서 있었던 일을 누나에게 설명해 주었다.

"난 그 계집애 항상 얄밉더라!"

유디뜨가 콕 집어서 말했다.

"누난 걔 잘 모르잖아."

"그치만 걔가 무슨 짓을 하고 다니는지는 알아."

"응, 그래도 말이야, 우리는 사람들이 무슨 일을 하는지는 알 수 있지만 왜 그 일을 하는지는 모른다고."

그렇게 말해 놓고 자크는 누나의 눈이 벌겋게 충혈된 걸 알아차린다.

"어, 누나 울었어?"

"나야 만날 울지, 집에 사람이 있을 때는 안 우는 거야."

"또, 세자르 형 때문에?"

"걔가 도대체 답장을 안 해. 그래도 나한테 답장은 해 줘야 되는 거 아냐?"

"글쎄, 생각…… 하고 있는 거 아닐까……."

"세 달 동안이나?"

"내가 가서 얘기 좀……"

"야! 너 걔한테 가서 한 마디라도 했단 봐라!!!"

바로 이때였다. 전화가 울렸다.

"받아 봐."

유디뜨가 작게 말했다.

자크는 딱 한 마디 했다.

"알았어."

"여보세요?"

"세자르 형! 담 주 수요일 오후 네 시에 시장님과 약속을 잡았다고?!"

"명예 회원 자격으로 나도 너네들이랑 같이 간다!"

유디뜨가 선언했다.

# 19. 시장님 클럽

　자크네 할머니는 넥타이를 사 주셨다. 불행히도 수백 마리의 위니 곰으로 뒤덮인 넥타이였다. 유디뜨도 자크만큼이나 문제가 많았다. 도대체 입고 갈 옷이 없었다. 둘 다 왕이나 왕비 혹은 시장 같은 사람을 만나러 갈 만한 의상이 준비되어 있지 않았다. 세자르와 전화 통화를 하고 나서야 자기 자신답게 입고 가기로 결론을 내렸다. 그러니까…… 학교 갈 때랑 비슷하게, 조금 신경 써서 입고 가기로.
　어쨌든 그날은 기대 밖으로 해가 나고 4월 날씨로는 드물게 따뜻해서 다들 점퍼를 벗어 놓고 가벼운 셔츠 차림으로 머리를 빗고 옷매무새를 다듬고 개똥 길을 걸어서 멋진 시청 건물이 우뚝 솟아 있는 광장까지 갔다. 그 앞을 수없이 지나다녔지만 안에 들어갈 수 있다는 생각은 해 본 적이 없었다.

안내 데스크에서 위층으로 어떻게 올라가는지 가르쳐 주었다. 아이들은 대기실에서 기다렸다. 유디뜨는 세자르를 쳐다볼 엄두를 내지 못했고 그건 세자르도 마찬가지였다. 다들 시장을 텔레비전에서는 보았지만 진짜로 만나 본 적은 없었다. 인상이 좋은 분이었다. 세느 강변에서 일광욕을 하게 만든 분이고 아이들처럼 파리를 사랑하는 분이었다. 그래도 자크는 떨려서 용건을 말하기는커녕 입도 벙긋하지 못할 것 같았고 옥타브는 온몸이 얼어붙었다. 세자르는 석상으로 변했고 유디뜨는 일 분 일 분이 지날수록 자신이 해체되는 느낌이었다.

호출을 받고 사무실로 들어가 보니 시장이 아니라 어떤 부인이 아이들을 맞아들였다. 용건을 묻는데 기분이 나쁘지는 않았다.

"무슨 일이었죠?"

세자르가 나서서 문제를 설명했다.

부인은 웃음을 참았다. 자제력을 발휘하느라 애쓰면서 세자르의 말을 들었다. 부인은 이 중대한 문제를 장난으로 받아들이고 있는 게 분명했다.

화가 나서 자크가 정중하게 발언을 했다.

"저희는 시장님과 약속을 하고 왔습니다. 오늘 오후 네 시에 오라고 하셨어요. 우리는 시장님을 뵙고 싶습니다."

어디서 그런 뻔뻔함이 나왔는지 모르겠다. 그러나 다들 너무 준비를 많이 했고 너무 기다려 왔던 일이었다. 자크는 자신들이 진지하게 받아들여지지 않는다는 것을 참을 수가 없었다.

"흠, 파리에 사는 사람이 얼마나 되는지 아나요?"

자크는 정확하게 대답을 해서 부인을 놀래 주었다.

"현재 파리의 인구는 2,125,800입니다. 수도권까지 다 합치면 11,000,000이고요."

"시장님이 파리 시민들을 하나하나 만나실 시간이 있다고 생각하나요?"

"파리 시민 하나하나가 다 시장님 면담을 요청하고 또 호출을 받는다고는 생각하지 않습니다. 그런데 우리는 받았죠!"

부인은 시장님도 잠시 즐거운 시간을 보내는 게 좋겠다는 판단을 내리고는 전화기를 들었다.

"베르트랑, 대표단을 안으로 들여보낼게요."

자크가 시장님을 보고 처음으로 한 생각은 그가 아주

날씬하다는 거였다. 시장은 아이들에게 테이블 둘레에 놓인 의자에 앉으라고 권했다. 자크와 옥타브는 단순한 개똥 포스터를 먼저 꺼내고 그다음에는 깃발이 꽂힌 개똥 포스터를 꺼냈다. 시장님도 재미있어하는 듯 보였지만 금세 이렇게 물었다.

"멋지네! 너희들 몇 살이지?"

이러면서 물었다.

"왜 이런 클럽을 만들었나?"

옥타브는 클럽이 어떻게 시작되었는지, 개똥 사이를 피해 다니는 게 얼마나 기분 나쁜 일인지, 어른들의 시민정신 부족에 얼마나 실망했는지 설명했다.

시장님은 바짝 흥미를 보이며 열심히 듣는 것 같았다. 비서에게 전화를 걸어서 신문기자들을 부르고 간식을 준비하라고 시켰다.

"너희들은 모르겠지만 이 문제를 어떻게 하면 해결할까 오래전부터 연구 중이란다."

"근데 왜 해결책을 안 내놓으시는 거죠? 스위스, 미국, 그리고 유럽의 다른 국가들에서는 개똥을 안 치우는 사람들에게 벌금형을 내려요……. 그러니까 괜찮잖아요!"

"그렇게 다 감시를 하려면 인원이 필요하잖니."

"프랑스에는 실업자가 이백만이 넘어요. 개똥팀으로 수백 명만 채용하시면 될 텐데요."

옥타브가 조언을 했다.

"돈이 들거든. 돈이 어디서 나오겠니?"

"시청 지하 창고에 있는 포도주를 팔면 되잖아요. 그걸로도 직원 몇 사람 월급을 줄 수 있을 텐데요."

"일이 그렇게 간단하지가 않단다. 똑똑하다는 것은 하나의 상황과 그 상황에서 생기는 문제점을 전부 다 이해하고 장기적인 해결책을 제시하되 예산을 세우고 집행하는 것까지 제대로 다 해내는 것을 말한다. 그렇지 않으면 그냥 다 '꿈'일 뿐이야."

유디뜨가 그제야 세자르를 쳐다보면서 입을 열었다.

"그렇지만 우리보다 앞서 살면서 꿈을 꾸었던 사람들이 없었다면 우리는 어떻게 되었을까요!"

"그래, 네 말이 맞구나."

그때였다. 세자르가 서류를 꺼냈다. 세자르는 노트북을 켜서 시장님에게 개들 전용 화장실에 대한 계획을 담은 슬라이드를 보여 드렸다. 그리고 화장실 부품업체도 만나 보았다는 말도 덧붙였다. 그렇지만 조사한 걸 발표하면서 세자르는 평소와 같은 자신감을 보여 주지 못했다. 마치 밑음을 잃은 것 같아 보였다.

호기심으로 눈을 반짝이며 듣고 있던 시장님은 세자르를 두 팔로 감싸면서 이렇게 말했다.

"정말 훌륭하구나. 넌 멋진 작업을 해낸 거야. 난 네가 앞으로, 그리고 지금 당장 선택하는 모든 것을 틀림없이 성공적으로 해낼 거라고 믿는다. 그런데, 개들 전용 화장실은 말이다, 내 생각엔 좀 아닌 거 같아. 개는 어쨌든 개야. 사랑을 아무리 많이 받는다 해도 동물은 사람처럼 똑똑해질 수는 없는 거다. 우리는 개의 주인들을, 그러니까 사람들을! 더 똑똑해지게 만드는 일을 해야 해."

세자르는 유디뜨를 쳐다봤다. 시장님의 말씀은 유디뜨가 자기에게 했던 말과 거의 비슷한 얘기였다. 얼마 전부터 세자르는 그 말이 맞다는 생각을 하고 있었다.

직원 하나가 주스 병들과 고급 아페리티프가 놓인 바퀴 달린 테이블을 밀고 들어왔다. 그와 동시에 기자들과 사진사들이 들어와서 마이크를 시장님에게 내밀었고 시장님은 이 만남이 어떻게 이루어졌는지 주욱 이야기를 했다. 마이크는 곧 자크에게 돌아왔다. 같은 질문이었다.

"그런데 여러분은 어떻게 해서 다같이 이 문제에 관심

을 기울이게 되었나요?"

"우리는 이 '작은' 문제 때문에 지구의 커다란 문제에 대해 경각심을 가지게 되었다고 생각합니다. 부주의한 어른들을 고발합니다! 어른들이 사람 다니는 길을 이런 식으로 취급한다면 우리에게는 도대체 어떤 세상이 남게 되는 거죠? 별것 아닌 이 개똥 때문에 우리는 어른들에 대해서 지독하게 실망했습니다. 하지만 저는 시장님께서 우리를 도와주실 거라고 믿습니다. 대책을 마련해 주실 겁니다. 예를 들면 개 주인들에게 개똥을 분리수거할 수 있는 비닐봉지와 쓰레기통을 사용하게 해 주셨으면 합니다."

옥타브가 말했다.

"그 계획을 당장 다음 달에 시행하도록 약속하죠!"

시장님이 선언했다.

그렇게 쉬운 일이었다니! 게다가 클럽의 두 창립 회원과 두 명예 회원은 텔레비전 뉴스에 나오게 되었다!

시장은 사람들과 악수를 하기 시작했고 아이들을 하나하나 안아 주면서 이렇게 말했다.

"날 믿어 보렴!"

시청을 나서기 전에 세자르는 동생더러 기다리라고 말했다. 유디뜨 손을 잡고 복도 끝에 있는 의자로 갔다.

"유디뜨, 미안해. 내가 잘못했어. 얼마 전부터 그런 생각이 들었는데 먼저 말할 용기가 안 나더라."

"위대한 사람은 항상 자기 잘못을 인정해. 그러니까 나도 잘못했다는 말이야. 내가 좀 더 참고 너 스스로 알아차릴 때까지 기다려야 했던 거 같아."

"그럼, 너, 내 새로운 프로젝트를 좀 도와줄래?"

"뭔데?"

유디뜨는 겁이 나서 물었다.

"너를 알아 가는 법을 배우는 거."

"너도 나한테 같은 걸 가르쳐 주면."


옥타브와 자크는 온몸이 근질근질했다. 나가서 기다리기로 했다. 기분이 좋았고 승리한 느낌이었다.

자크는 계단을 내려가면서 생각했다. 세상은 개똥 클럽 덕분에 어쩌면 아주 조금 나아졌는지도 모른다고. 그때였다. 하늘에서 떨어진 비둘기 똥이 자크의 눈을 제대로 맞혔다.

# 옮긴이의 말

 개똥 클럽?

수년 만에 만난 수지가 내게 "너, 『개똥 클럽』 읽었니?"라고 말했을 때 나는 이 책에 그다지 관심이 없었다. 표리가 너무 일치했던지, 그녀는 곧바로 나의 무관심을 알아차린 듯 이렇게 말했다. "그거, 환경문제 이야기야!" 그런데 바로 그 말 때문에 나는 더 관심이 없어졌다. 대한민국 아동문학은 한때 '개판'에 '똥천지'라는 말이 있었다. 환경문제 역시 '개'나 '똥'에 뒤지지 않는 어린이책의 단골 소재(혹은 주제)다. 그러니 나로서는 식상할 수 있는 충분한 조건을 갖춘 셈이었다. 그런데! 별 기대 없이 이 작품을 읽어 나가면서 나는 점점 어? 이것 봐……! 하게 되었다. 그랬다. 이미 60여 권의 책을 펴내고 수십 개의 문학상을 받은 그녀가, 여기서나 마찬가지로 거기서도 쉽게 안주할 수 있음에도 불구하고, 육십이 넘은 나이에도 진화할 수 있다는 것을 목격하면서 나는 저절로 겸허해지는 느낌이었다. 그리고 그런 진화가 전혀 스타나 대가답지 않은 아주 성실한 노력의 대가라는 걸 알고 나서는 감동하고 또 안심했다.

개똥 클럽이라니. 개똥참외나 개똥철학처럼 비유적인 것이 아니라 진짜 개똥을 중심으로 모인 클럽의 이야기다. 그러나 익살이나 풍자가 아니라 진실과 사실들에 대한 이야기다. 유창한 언어구사력과 정확한 사실들, 각종 과장과 과감한 생략이 작품을 읽는 내내 쿡쿡 웃음이 터지게 만들지만 다시 생각해도 『개똥 클럽』은 역시 '진지한' 이야기다.

그것은 개똥을 피해 다녀야 하는 지저분한 길거리, 어른들의 시민정신 부족 때문에 개를 증오하던 자크가 할머니한테 개를 선물 받고 개를 교육시키면서 자기 자신을 교육하는 이야기이며, 개를 사랑하는 나머지 개를 사람인 줄 아는 애완견족들의 이야기이며, 개똥 치우기에 몰두한 나머지 비현실적인 연구에 푹 빠져 버린 수재의 이야기이며, 의견이 다른 사람들을 이해하는 과정의 이야기이기도 하고 또한 발상에서 착수, 그리고 실행과 목표달성에 이르기까지의 '멋진 작업'의 이야기이기도 하다. 정말 그렇다. 내게는 이 이야기가 '개똥' 이야기라기보다는 아이들이 하나의 과제에 집중하면서 사소하고 시시하고 전혀 드라마틱하지 않지만 중요하고 현실적인, 피할 수 없는 어려움들을 헤쳐 나가면서 어떻게 성장하는가, 하는 이야기로 읽혔다. 그래서 개똥 클럽 창립 회원과 명예 회원이 모여서 용감하게도 파리 시장을 찾아가는 장면이 흥미진진했고, 시장실에서 노트북을 켜 놓고 그동안의 연구를 바탕으로 멋진 프리젠테이션을 하는 세자르에게 다음과 같이 말해 줄 수 있는 어른인 시장이 몹시 부러웠다.

"일이 그렇게 간단하지가 않단다. 똑똑하다는 것은 하나의 상황과 그 상황에서 생기는 문제점을 전부 다 이해하고 장기적인 해결책을 제시하되 예산을 세우고 집행하는 것까지 제대로 다 해내는 것을 말한다. 그렇지 않으면 그냥 다 '꿈'일 뿐이야……. 정말 훌륭하구나. 넌 멋진 작업을 해낸 거야. 난 네가 앞으로, 그리고 지금 당장 선택하는 모든 것을 틀림없이 성공적으로 해낼 거라고 믿는다. 그런데, 개들 전용 화장실은 말이다, 내 생각엔 좀 아닌 거 같아. 개는 어쨌든 개야. 사랑을 아무리 많이 받는다 해도 동물은 사람처럼 똑똑해질 수는 없는 거다. 우리는 개의 주인들을, 그러니까 사람들을! 더 똑똑해지게 만드는 일을 해야 해."

이렇게 복잡한 이야기를 이렇게 간결하게 아이들 눈높이에 딱 맞도록 할 수 있다는 것에 나는 감탄한다.『조커』나『딸들이 자라서 엄마가 된다』,『엉뚱이 소피의 못 말리는 패션』,『중학교 일학년』,『정말 너무해』등의 전작들에서 보여 주었듯이 수지 모건스턴은 항상 독자들이 웃으면서 깨닫게 해 준다. 전작들에서 보였던 다변과 재치는 이 작품에서 훨씬 절제된 형태로 나타나 있다. 열아홉 개의 '클럽'으로 분절된 구성도 그렇고 백삼십 쪽 정도의 짧은 분량에 담긴 개를 매개로 한 다양한 삶의 풍속도와 색깔 있는 지식들이 그렇다. 번역을 하다 보면 어느 정도 텍스트를 사랑할 수밖에 없지만 나는 이 작품이 특별히 사랑스럽다. 그래서 일독을 권한다. 공부 잘하고 친구들에게 인기 있고 어른들 말 잘 듣는 착한 아이들의 삶에는 이야깃거리가 없다고 생각하는 어른들에게, 아니 도대체 아이들이란 그런 아이들과 그렇지 않은 아이들로 나뉠 수 있다고 생각하는 모든 사람들에게.

2008년 여름의 문턱에서　최윤정